FREMDSPRACHENTEXTE

Pablo Neruda

Explico algunas cosas

Prosa y versos

Ausgewählt und herausgegeben von
Jürgen von Stackelberg
unter Mitwirkung von
Monika Ferraris

Philipp Reclam jun. Stuttgart

RECLAMS UNIVERSAL-BIBLIOTHEK Nr. 19733

Gesamtherstellung: Reclam, Ditzingen. Printed in Germany 2007
RECLAM, UNIVERSAL-BIBLIOTHEK und RECLAMS UNIVERSAL-BIBLIOTHEK sind eingetragene Marken der Philipp Reclam jun. GmbH & Co., Stuttgart
ISBN 978-3-15-019733-2

www.reclam.de

Inhalt

Vorbemerkung

Einen Dichter »näher am Blut als an der Tinte« nannte Federico García Lorca seinen chilenischen Freund Pablo Neruda. Das hieß nichts anderes als: ein Dichter, dem das Leben selbst, die eigene Existenz und die Wirklichkeit, eingab, was er schrieb und wie er schrieb, nicht die literarische Tradition. Daraus folgt, dass wir, wenn wir ihn näher kennenlernen wollen (und dieser Absicht dient die folgende Auswahl), von der Biographie ausgehen müssen, nicht von den Büchern, die er gelesen und der Dichtung, die ihn beeinflusst hat. Die Abschnitte 1–5 der hiermit vorgelegten Auslese folgen denn auch fast ausnahmslos diesem Prinzip; in den Abschnitten 6–9 herrschen thematische Schwerpunkte vor, ohne dass deswegen der Werdegang des Dichters gänzlich außer Acht gelassen würde. Mal kürzere, mal längere Einführungen umreißen und erläutern die jeweils behandelten Themen, in einem Nachwort soll der Lebensweg Nerudas näher beschrieben werden.

An dieser Stelle muss nur noch betont werden, dass das politische Engagement – Neruda galt eine Zeit lang als einer der größten poetischen Sprecher des Weltkommunismus – ein wesentlicher Bestandteil von Nerudas Leben und Werk war, aber doch nicht als sein ›letztes Wort‹ angesehen werden sollte. Einige seiner militanten Gedichte sind so etwas wie poetische Pflichtübungen gewesen; das meiste davon gehört zur Spreu seiner Dichtung und sollte den Weizen nicht vergessen lassen. Von seinen Anfängen als ›dunkler Dichter‹, als der er wenigstens teilweise auch in seiner beliebtesten Dichtung, den *Veinte poemas de amor y una canción desesperada* (über zwei Millionen verkaufte Exemplare), zu uns spricht, über die Kampfgedichte aus der Zeit des spanischen Bürgerkriegs und die großangelegte Chronik Lateinamerikas in Gestalt des *Canto general* hat Nerudas lyrischer Lebensweg auf den Gipfel einer eher einfachen aber ungewöhnlich bilderreichen Dichtung der gewöhnlichen Dinge, der natürlichen Umwelt und der einfachen Menschen geführt, die die neuere Forschung zu Recht als einen »poetischen Realismus« bezeichnet hat.

Neruda im Original zu Wort kommen zu lassen, schien um so dringlicher, als die in Deutschland verbreitete Übersetzung seiner Gedichte von Erich Arendt eine romantisierende Verfälschung darstellt. (Die Übersetzung der *Liebesgedichte* und der *Letzten Gedichte* Nerudas von Fritz Vogelgsang und Monika López kommt dem Ausgangstext näher.) Dichter, deren Stärke die Metaphorik ist, lassen sich leichter übersetzen als solche, die von Klang und Rhythmus leben. Dennoch gilt auch im Falle Nerudas, was für alle Lyrik – und besonders die moderne – gilt: sie ist eigentlich unübersetzbar. Ein Glossar hilft, wie in dieser Reihe üblich, hier weiter. Und dann ergab das Vorhandensein gewisser Prosatexte, vor allem der Lebenserinnerungen Nerudas, die unter dem Titel *Confieso que he vivido* 1974 erschienen sind (und eine der großartigsten Schriftstellerbiographien der Moderne darstellen), die Möglichkeit, in einigen Fällen die lyrischen Versionen mit solchen zu konfrontieren, die dieselben Gegenstände erzählerisch darstellen. Das erlaubt es, die dichterische Eigenart Nerudas besser zu erkennen. Kommentare sind allerdings diese Prosaversionen auch nicht, denn Neruda verleugnete sein Dichtertum keineswegs, wenn er erzählte oder einfach Bericht erstattete. Alles, was ihm unter die Finger kam, hat einer seiner Freunde, Jorge Edwards, gesagt, verwandelte sich in Poesie.

J. v. St.

I

Die Kindheit, der Regen und die Poesie

Neruda wuchs in Temuco, in Südchile, auf, einer Stadt, in der es, wie die Bewohner (nach Nerudas Auskunft) sagen, »dreizehn Monate im Jahr regnet«. Dass dieser Regen ein kalter Dauerregen war und der kleine Ricardo Neftali Reyes, wie Neruda eigentlich hieß, viel fror und fast immer nasse Füße hatte, spielt in die Lebenserinnerungen kaum noch hinein: da haben ihn die durch das löchrige Dach des bescheidenen Elternhauses in dafür aufgestellte Eimer melodisch herabfallenden Tropfen, sagt er, zum Dichter gemacht. Oft hat Neruda vom Regen seiner Kindheit gesprochen, fast immer geschieht es, wie hier, in nostalgischer Färbung. Die Kindheit und das in ihr Erlebte so zu sehen, ist ein romantisches Erbe. Trotz aller poetischen Verbrämung ist, was Neruda darüber sagt, dennoch viel zu ›realistisch‹, um ihn deswegen zu einem Romantiker zu machen; die Prosa sicher nicht, die Verse allenfalls.

Infancia y poesía

Comenzaré por decir, sobre los días y años de mi infancia, que mi único personaje inolvidable fue la lluvia. La gran lluvia austral que cae como una catarata

20 **la infancia:** Kindheit. 22 **inolvidable:** unvergesslich. 23 **austral:** südlich, Süd… **la catarata:** Wasserfall.

del polo, desde los cielos del Cabo de Hornos hasta la frontera. En esta frontera, o *Far West* de mi patria, nací a la vida, a la tierra, a la poesía y a la lluvia.

Por mucho que he caminado me parece que se ha perdido ese arte de llover que se ejercía como un poder terrible y sutil en mi Araucanía natal. Llovía meses enteros, años enteros. La lluvia caía en hilos como largas agujas de vidrio que se rompían en los techos, o llegaban en olas transparentes contra las ventanas, y cada casa era una nave que difícilmente llegaba a puerto en aquel océano de invierno.

Esta lluvia fría del sur de América no tiene las rachas impulsivas de la lluvia caliente que cae como un látigo y pasa dejando el cielo azul. Por el contrario, la lluvia austral tiene paciencia y continúa, sin término, cayendo desde el cielo gris.

Frente a mi casa, la calle se convirtió en un inmenso mar de lodo. A través de la lluvia veo por la ventana que una carreta se ha empantanado en medio de la calle. Un campesino, con manta de Castilla negra, hostiga a los bueyes que no pueden más entre la lluvia y el barro.

1 **el Cabo de Hornos:** Kap Hoorn, der legendäre südlichste Punkt Südamerikas. 4 **por mucho que he caminado:** so sehr ich auch herumgekommen bin. 6 **sutil:** subtil, fein, zart. **la Araucanía:** Araukanien; Region im Süden Chiles. 7 **el hilo:** Faden; hier (fig.): Bindfaden. 8 **la aguja:** Nadel. 10 **la nave:** Schiff. 12 f. **la racha:** Windstoß, Böe. 14 **el látigo:** Peitsche. **por el contrario:** im Gegensatz dazu. 17 **convertirse en:** sich verwandeln in. 17 f. **inmenso/a:** unermesslich, immens. 18 **el lodo:** Schlamm. 19 **la carreta:** Karren. **empantanarse:** versumpfen; hier: festfahren, ins Stocken kommen. 20 **la manta de Castilla:** Wollumhang. 21 **hostigar:** (aus)peitschen. **el buey:** Ochse.

Por las veredas, pisando en una piedra y en otra, contra frío y lluvia, andábamos hacia el colegio. Los paraguas se los llevaba el viento. Los impermeables eran caros, los guantes no me gustaban, los zapatos se empapaban. Siempre recordaré los calcetines mojados junto al brasero y muchos zapatos echando vapor, como pequeñas locomotoras. Luego venían las inundaciones, que se llevaban las poblaciones donde vivía la gente más pobre, junto al río. […]

Confieso que he vivido

Oda a la lluvia

Volvió la lluvia.
No volvió del cielo
o del oeste.
Ha vuelto de mi infancia.
Se abrió la noche, un trueno
la conmovió, el sonido
barrió las soledades,
y entonces,
llegó la lluvia,

1 **la vereda** (Am.): Bürgersteig. 3 **el impermeable:** Regenmantel. 5 **empaparse:** (völlig) nass werden. 6 **el brasero** (Am.): Feuerstelle, Herd. **el vapor:** Dampf. 7 **la locomotora:** Lokomotive. 7 f. **la inundación:** Überschwemmung.

15 **la infancia:** Kindheit. 16 **el trueno:** Donner. 17 **conmover:** bewegen, erschüttern. 18 **la soledad:** Einsamkeit.

regresó la lluvia
de mi infancia,
primero
en una ráfaga
colérica,
luego
como la cola
mojada
de un planeta,
la lluvia
tic tac mil veces tic
tac mil
veces un trineo,
un espacioso golpe
de pétalos oscuros
en la noche,
de pronto
intensa
acribillando
con agujas
el follaje,
otras veces
un manto
tempestuoso
cayendo

4 **la ráfaga:** (Regen-)Schauer. 5 **colérico/a:** zornig, wütend. 13 **el trineo:** Schlitten; hier (fig.): Schlittern, Gleiten. 14 **espacioso/a:** langsam, schwerfällig. 15 **el pétalo:** Blütenblatt. 19 **acribillar:** durchlöchern. 20 **la aguja:** Nadel. 21 **el follaje:** Laub(werk). 23 **el manto:** Schicht, Schleier. 24 **tempestuoso/a:** stürmisch.

en el silencio,
la lluvia,
mar de arriba,
rosa fresca,
desnuda,
voz del cielo,
violín negro,
hermosura,
desde niño
te amo,
no porque seas buena,
sino por tu belleza.
Caminé
con los zapatos rotos
mientras los hilos
del cielo desbocado
se destrenzaban sobre
mi cabeza,
me traían
a mí y a las raíces
las comunicaciones
de la altura,
el oxígeno húmedo,
la libertad del bosque.
Conozco
tus desmanes,
el agujero

8 **la hermosura:** Schönheit, Pracht. 15 **el hilo:** Faden; hier (fig.): Bindfaden. 16 **desbocarse:** durchgehen, rasend werden. 17 **destrenzarse:** entflechten; hier: sich lösen. 26 **el desmán:** Gewalttat, Ausschreitung, Übergriff.

en el tejado
cayendo
su gotario
en las habitaciones
de los pobres:
allí desenmascaras
tu belleza,
eres hostil
como una
celestial
armadura,
como un puñal de vidrio,
transparente,
allí
te conocí de veras.
Sin embargo,
enamorado
tuyo
seguí
siendo,
en la noche
cerrando la mirada
esperé que cayeras
sobre el mundo,
esperé que cantaras
sólo para mi oído,

1 **el tejado:** Dach. 3 **el gotario:** etwa: Tröpfeln, Tropfen. 6 **desenmascarar:** demaskieren. 8 **hostil:** feindselig. 10 **celestial:** himmlisch. 11 **la armadura:** Rüstung; hier (fig.): Waffe. 12 **el puñal:** Dolch. 15 **de veras:** wirklich, ernsthaft.

porque mi corazón guardaba toda
germinación terrestre
y en él se precipitan los metales
y se levanta el trigo.
Amarte, sin embargo
me dejó en la boca
gusto amargo,
sabor amargo de remordimiento.
Anoche solamente
aquí en Santiago
las poblaciones
de la Nueva Legua
se desmoronaron,
las viviendas
callampas,
hacinados
fragmentos de ignominia,
al peso de tu paso
se cayeron,
los niños
lloraban en el barro
y allí días y días

1 **guardar:** bewahren, hüten. 2 **la germinación:** Aufkeimen; hier (fig.): Entstehen, Werden (*el germen:* Keim). **terrestre:** irdisch, Land… 3 **precipitarse en:** sich (hinab)stürzen in. 8 **el remordimiento:** Gewissensbisse, schlechtes Gewissen. 12 **la Nueva Legua:** Armensiedlung im Süden Santiago de Chiles mit hoher Kriminalitätsrate, in der es nach dem Militärputsch durch Pinochet zu massiven und blutigen Widerstandskämpfen kam. 13 **desmoronarse:** zerfallen, einstürzen. 14 **la vivienda:** Wohnhaus, Wohnstätte. 15 **la callampa** (Chil.): Filzhut; hier (fig.): Elendswohnung. 16 **hacinar:** aufschichten, zusammentragen. 17 **la ignominia:** Schmach, Schande.

en las camas mojadas,
sillas rotas,
las mujeres,
el fuego, las cocinas,
mientras tú, lluvia negra,
enemiga,
continuabas cayendo
sobre nuestras desgracias.
Yo creo
que algún día,
que inscribiremos en el calendario,
tendrán techo seguro,
techo firme,
los hombres en su sueño,
todos
los dormidos,
y cuando en la noche
la lluvia
regrese
de mi infancia
cantará en los oídos
de otros niños
y alegre
será el canto
de la lluvia en el mundo,
también trabajadora,
proletaria,
ocupadísima
fertilizando montes

8 **la desgracia:** Pech, Unglück. 11 **inscribir:** eintragen. 29 **fertilizar:** düngen, fruchtbar machen.

y praderas,
dando fuerza a los ríos,
engalanando
el desmayado arroyo
perdido en la montaña,
trabajando
en el hielo
de los huracanados
ventisqueros,
corriendo sobre el lomo
de la ganadería,
dando valor al germen
primaveral del trigo,
lavando las almendras
escondidas,
trabajando
con fuerza
y con delicadeza fugitiva,
con manos y con hilos
en las preparaciones de la tierra.

Lluvia
de ayer,
oh triste
lluvia

1 **la pradera:** große Wiese, Grasland. 3 **engalanar:** verzieren, schmücken. 4 **desmayado/a:** ohnmächtig, schwach, kraftlos. 8 **huracanado/a:** orkanartig. 9 **el ventisquero:** Stelle eines Berges, die (Schnee-)Stürmen am stärksten ausgesetzt ist; hier: Schneewehe. 10 **el lomo:** Lende, Rücken. 11 **la ganadería:** Viehbestand; hier: Vieh. 18 **fugitivo/a:** flüchtig, vergänglich. 20 **la preparación:** Vorbereitung, Aufbereitung.

de Loncoche y Temuco,
canta,
canta,
canta sobre los techos
y las hojas,
canta en el viento frío,
canta en mi corazón, en mi confianza,
en mi techo, en mis venas,
en mi vida,
ya no te tengo miedo,
resbala
hacia la tierra
cantando con tu canto
y con mi canto,
porque los dos tenemos
trabajo en las semillas
y compartimos
el deber cantando.

Odas elementales

1 **Loncoche / Temuco:** Städte in Südchile (Neruda ist in Temuco aufgewachsen). 7 **la confianza:** Vertrauen. 11 **resbalar:** rutschen, gleiten. 16 **la semilla:** Keim, Samen. 17 **compartir:** teilen, gemeinsam haben.

II

Die Wälder und das Holz

Je weiter man in Chile nach Süden kommt, desto kälter wird es und desto mehr regnet es, desto dichter wird aber auch die Vegetation. Die Wälder Südchiles sind einzigartig. Da gibt es die Araukarien, die bis zu sechzig Meter hoch werden, riesige Lärchen (»alerce«), gewaltige Steineichen (»robles«), Baumzypressen, lackblättrige Myrten, verschiedenste Bambusarten und Fuchsiensträucher. Unser Prosatext ist dem Vorspann zu Nerudas Memoiren, *Confieso que he vivido*, entnommen und beschreibt den Wald ebenso wie alles, was darin »kreucht und fleucht«. Die nachfolgende »Oda a la madera« knüpft an diesen ›Wald der Kindheit‹ an, spricht den Symbolwert an, den das Holz für ihn gehabt hat, und wendet sich dann – ähnlich wie in der »Oda a la lluvia« – gewissen Zukunftshoffnungen zu, die etwas vom wenn nicht politischen, so doch sozialen Engagement des Dichters zu erkennen geben. Es gibt noch eine Reihe weiterer Gedichte auf den Wald und das Holz bei Neruda, aber einige davon, vor allem »Entrada a la madera«, gehören zum Schwierigsten, was er geschrieben hat. Die Meinungen darüber, was eigentlich damit gemeint sei, gehen weit auseinander. Da schien es doch eher geraten, eine gewiss auch nicht unpoetische, aber im Ganzen doch verstehbare Ode vorzuziehen. Zwar hat es auch etwas Erschreckendes für den Sich-Erinnernden (dies ist ein ›Erinnerungsgedicht‹), wenn die Bäume gefällt werden und krachend zu Boden fallen, aber das Holz dient dann doch dem Menschen und wird sein Los erleichtern. Nicht zufällig spricht der Dichter einmal davon, wie die Säge das »Brot des Waldes« hervorbringe, das sei wie eine Geburt: »madre« und

»madera« gehören in denselben Assoziationsbereich. Und schließlich wird Papier aus dem Holz, aus dem die Bücher gemacht werden, die eine bessere Zukunft vorbereiten.

El bosque chileno

… Bajo los volcanes, junto a los ventisqueros, entre los grandes lagos, el fragante, el silencioso, el enmarañado bosque chileno … Se hunden los pies en el follaje muerto, crepitó una rama quebradiza, los gigantescos raulíes levantan su encrespada estatura, un pájaro de la selva fría cruza, aletea, se detiene entre los sombríos ramajes. Y luego desde su escondite suena como un oboe … Me entra por las narices hasta el alma el aroma salvaje del laurel, el aroma oscuro del boldo … El ciprés de las Guaitecas intercepta mi paso … Es un mundo vertical: una nación de pájaros, una muche-

6 **el ventisquero:** Stelle eines Berges, die Schneestürmen am stärksten ausgesetzt ist (auch Gletscher). 7 **fragante:** duftend, wohlriechend. 7 f. **enmarañar:** zerzausen, verwirren. 8 **hundirse:** untergehen, versinken. 8 f. **el follaje:** Laub(werk). 9 **crepitar:** knistern, rascheln. **quebradizo/a:** zerbrechlich, brüchig. 10 **el raulí:** Scheinbuchenart; in Chile und Argentinien heimisch. **encrespado/a:** kräuselnd, kraus. 11 **aletear:** mit den Flügeln schlagen. 11 f. **sombrío/a:** dunkel, schattig. 12 **el ramaje:** Astwerk, Geäst. **el escondite:** Versteck, Schlupfwinkel. 14 **el laurel:** Lorbeerbaum. **el boldo:** Boldo-Strauch. 15 **el ciprés de las Guaitecas:** Patagonische Zypresse. **interceptar:** unterbrechen, aufhalten. 16 f. **la muchedumbre:** Menge.

dumbre de hojas ... Tropiezo en una piedra, escarbo la cavidad descubierta, una inmensa araña de cabellera roja me mira con ojos fijos, inmóvil, grande como un cangrejo ... Un cárabo dorado me lanza su emanación mefítica, mientras desaparece como un relámpago su radiante arco iris ... Al pasar cruzo un bosque de helechos mucho más alto que mi persona: se me dejan caer en la cara sesenta lágrimas desde sus verdes ojos fríos, y detrás de mí quedan por mucho tiempo temblando sus abanicos ... Un tronco podrido: ¡qué tesoro! ... Hongos negros y azules le han dado orejas, rojas plantas parásitas lo han colmado de rubíes, otras plantas perezosas le han prestado sus barbas y brota, veloz, una culebra desde sus entrañas podridas, como una emanación, como que al tronco muerto se le escapara el alma ... Más lejos cada árbol se separó de sus semejantes ... Se yerguen sobre la alfombra de la selva secreta, y cada uno de los follajes, lineal, encrespa-

1 **tropezar en algo:** über etwas stolpern. **escarbar:** aufscharren, aufwühlen. 2 **la cavidad:** Hohlraum; hier: Mulde. **inmenso/a:** unermesslich, immens. 2f. **la cabellera:** Haare, Kopfhaar; hier: Behaarung. 3 **inmóvil:** bewegungslos, regungslos. 4 **el cangrejo:** Krebs. **el cárabo:** Waldkauz. 4f. **la emanación:** Ausströmung, Ausfluss; hier (fig.): Exkrement. 5 **mefítico/a:** giftig, übel riechend. **desaparecer:** verschwinden. 5f. **el relámpago:** Blitz. 6 **radiante:** strahlend, glänzend. **el arco iris:** Regenbogen. 7 **el helecho:** Farn. 10 **temblar:** zittern (*el temblor:* Zittern, Schauder). **el abanico:** Fächer. **el tronco:** Stamm. **podrido/a:** verfault. 12 **colmar de algo:** mit etwas überhäufen. **el rubí:** Rubin. 13 **brotar:** knospen, sprießen; hier: sichtbar werden, sich zeigen. 14 **veloz:** schnell, flink, behände. **la culebra:** Schlange. **las entrañas** (pl.): Eingeweide. 16f. **sus semejantes:** seinesgleichen. 17 **erguirse:** sich aufrichten, sich erheben.

do, ramoso, lanceolado, tiene un estilo diferente, como cortado por una tijera de movimientos infinitos ... Una barranca: abajo el agua transparente se desliza sobre el granito y el jaspe ... Vuela una mariposa pura como un limón, danzando entre el agua y la luz ... A mi lado me saludan con sus cabecitas amarillas las infinitas calceolarias ... En la altura, como gotas arteriales de la selva mágica se cimbran los copihues rojos (*Lapageria rosea*) ... El copihue rojo es la flor de la sangre, el copihue blanco es la flor de la nieve ... En un temblor de hojas atravesó el silencio la velocidad de un zorro, pero el silencio es la ley de estos follajes ... Apenas el grito lejano de un animal confuso ... La intersección penetrante de un pájaro escondido ... El universo vegetal susurra apenas hasta que una tempestad ponga en acción toda la música terrestre.

Quien no conoce el bosque chileno, no conoce este planeta.

De aquellas tierras, de aquel barro, de aquel silencio, he salido yo a andar, a cantar por el mundo.

Confieso que he vivido

1 **ramoso/a:** astreich, verästelt. **lanceolado/a:** lanzenförmig, lanzettförmig. 3 **la barranca:** *el barranco:* Abgrund, Schlucht. 4 **deslizarse:** gleiten. **el jaspe:** Jaspis, geäderter Marmor. 5 **danzar:** tanzen, herumhüpfen. 7 **la calceolaria:** Pantoffelblume. 8 **la gota arterial** (fig.): Blutstropfen (*arterial:* arteriell). **cimbrarse:** schwingen, sich biegen. 9 **el copihue:** chilenische Wachsglocke (chilenische Wappenblume; lat.: Lapageria rosea). 14 **la intersección:** Schnittstelle, Kreuzung; hier (fig.): Erscheinen, Auftauchen. 15 f. **susurrar:** flüstern, säuseln. 16 **la tempestad:** Unwetter, Sturm. 17 **terrestre:** irdisch, Land…

Oda a la madera

Ay, de cuanto conozco
y reconozco
entre todas las cosas
es la madera
mi mejor amiga.
Yo llevo por el mundo
en mi cuerpo, en mi ropa,
aroma
de aserradero,
olor de tabla roja.
Mi pecho, mis sentidos
se impregnaron
en mi infancia
de árboles que caían
de grandes bosques llenos
de construcción futura.
Yo escuché cuando azotan
el gigantesco
alerce,
el laurel alto de cuarenta metros.
El hacha y la cintura
del hachero minúsculo

10 **el aserradero:** Sägewerk. 11 **la tabla:** Brett. 12 **el sentido:** Sinn. 13 **impregnarse de algo:** sich mit etwas vollsaugen. 14 **la infancia:** Kindheit. 18 **azotar:** peitschen, geißeln. 20 **el alerce:** Lärche. 21 **el laurel:** Lorbeerbaum. 22 **el hacha** (f.): Axt (*el hachero:* Holzfäller). **la cintura:** Taille. 23 **minúsculo/a:** sehr klein, winzig.

de pronto picotean
su columna arrogante,
el hombre vence y cae
la columna de aroma,
tiembla la tierra, un trueno
sordo, un sollozo negro
de raíces, y entonces
una ola
de olores forestales
inundó mis sentidos.
Fue en mi infancia, fue sobre
la húmeda tierra, lejos
en las selvas del Sur,
en los fragantes, verdes
archipiélagos,
conmigo
fueron naciendo vigas,
durmientes
espesos como el hierro,
tablas
delgadas y sonoras.
La sierra rechinaba
cantando
sus amores de acero,

1 **picotear:** (an)picken. 4 **la columna:** Säule. 5 **temblar:** zittern. **el trueno:** Donner. 6 **sordo/a:** taub. **el sollozo:** Schluchzen. 9 **forestal:** Forst..., Wald... 10 **inundar:** überschwemmen, überfluten. 14 **fragante:** duftend, wohlriechend (*la fragancia:* Duft). 15 **el archipiélago:** Archipel, Inselgruppe. 17 **la viga:** Balken. 19 **espeso/a:** dicht, dick. 21 **sonoro/a:** (wider)hallend, klangvoll. 22 **la sierra:** Säge. **rechinar:** knirschen, knarren.

aullaba el hilo agudo,
el lamento metálico
de la sierra cortando
el pan del bosque
como madre en el parto,
y daba a luz en medio
de la luz
y la selva
desgarrando la entraña
de la naturaleza,
pariendo
castillos de madera,
viviendas para el hombre,
escuelas, ataúdes,
mesas y mangos de hacha.
Todo
allí en el bosque
dormía bajo las hojas mojadas
cuando
un hombre
comienza
torciendo la cintura
y levantando el hacha
a picotear la pura
solemnidad del árbol

1 **aullar:** heulen, jaulen. **el hilo:** Faden; hier (fig.): Ton. **agudo/a:** spitz, stechend, schrill. 5 **el parto:** Geburt, Entbindung *(parir:* gebären). 6 **dar a luz:** zur Welt bringen. 9 **desgarrar:** zerreißen, zerfetzen (*el desgarramiento:* Einreißen, Einbruch). **la entraña:** Eingeweide (meistens Plural). 14 **el ataúd:** Sarg. 15 **el mango:** Griff, Stiel. 22 **torcer:** biegen. 25 **la solemnidad:** Feierlichkeit, Erhabenheit.

y éste
cae,
trueno y fragancia caen
para que nazca de ellos
la construcción, la forma,
el edificio,
de las manos del hombre.
Te conozco, te amo,
te vi nacer, madera.
Por eso
si te toco
me respondes
como un cuerpo querido,
me muestras
tus ojos y tus fibras,
tus nudos, tus lunares,
tus vetas
como inmóviles ríos.
Yo sé
lo que ellos
cantaron
con la voz del viento,
escucho
la noche tempestuosa,
el galope
del caballo en la selva,
te toco y te abres
como una rosa seca

15 **la fibra:** Faser. 16 **el nudo:** Knoten. **el lunar:** Muttermal, Fleck. 17 **la veta:** Maser, Maserungslinie. 24 **tempestuoso/a:** stürmisch.

que sólo para mí resucitara
dándome
el aroma y el fuego
que parecían muertos.
Debajo
de la pintura sórdida
adivino tus poros,
ahogada me llamas
y te escucho,
siento
sacudirse
los árboles
que asombraron mi infancia,
veo
salir de ti,
como un vuelo de océano
y palomas,
las alas de los libros,
el papel
de mañana
para el hombre,
el papel puro para el hombre puro
que existirá mañana
y que hoy está naciendo
con un ruido de sierra,
con un desgarramiento
de luz, sonido y sangre.

1 **resucitar:** auferstehen, neu beleben. 6 **sórdido/a:** schmutzig, schäbig. 7 **adivinar:** (er)raten, (er)ahnen. **el poro:** Pore. 8 **ahogado/a:** erstickt. 11 **sacudirse:** sich schütteln. 13 **asombrar:** beschatten, verdunkeln.

Es el aserradero
del tiempo,
cae
la selva oscura, oscuro
nace
el hombre,
caen las hojas negras
y nos oprime el trueno,
hablan al mismo tiempo
la muerte y la vida,
como un violín se eleva
el canto o el lamento
de la sierra en el bosque,
y así nace y comienza
a recorrer el mundo
la madera,
hasta ser constructora silenciosa
cortada y perforada por el hierro,
hasta sufrir y proteger
construyendo
la vivienda
en donde cada día
se encontrarán el hombre, la mujer
y la vida.

Odas elementales

8 **oprimir:** bedrücken, beklemmen. 11 **elevarse:** sich erheben. 15 **recorrer:** durchqueren, bereisen. 18 **perforar:** durchlöchern, durchbohren.

III

Die Schüchternheit

Hier nun liegen zwei Texte ganz nahe beieinander: zum Teil werden dieselben Bilder oder Vergleiche gebraucht, das Feuer, in dem der Schüchterne verbrennen, oder das Wasser, in dem er eigentlich ertrinken möchte. Und doch ist die ›prosaische Version‹ um eine Dimension ärmer – bis auf den merkwürdigen Schluss, in dem es heißt, die Schüchternheit gehöre zu den »Legierungen«, die die »Dauer des Seins sicherstellten«. Gemeint ist schon da mehr als nur das schüchterne, unsichere Auftreten, gemeint ist wahrscheinlich die Introspektion, ohne die der Mensch in der Tat nicht erfährt, was er ist – und was insofern zu den Voraussetzungen seines Selbstseins zählt. Nur wer nach innen zu schauen gelernt hat, fällt nicht von einem Ich ins andere und bleibt, bei allem Wandel, der, der er war. So Neruda, der ebenso Gleichbleibende wie Wandelbare. In diese Richtung münden Überlegungen, die man an unsere Vergleichstexte anschließen könnte. Sie können ausgehen von der Erfahrung der Stadt, die einer Entfremdungserfahrung glich. Das sagen uns viele andere Texte, die dazu herangezogen werden könnten. Neruda ist auf dem Weg in die Welt der Menschen, sehnt sich zurück in die Wälder und den Regen seiner Kindheit, öffnet sich aber zunehmend der Kommunikation, an der es in seiner Studentenzeit nicht gefehlt hat: er lernt Mitstudierende kennen, gewinnt Freunde und verliebt sich … Das wird das Thema des nächsten Abschnitts sein.

La timidez

La verdad es que viví muchos de mis primeros años, tal vez de mis segundos y de mis terceros, como una especie de sordomudo.

Ritualmente vestido de negro desde muy jovencito, como se visten los verdaderos poetas del siglo pasado, tenía una vaga impresión de no estar tan mal de aspecto. Pero, en vez de acercarme a las muchachas, a sabiendas de que tartamudearía o enrojecería delante de ellas, prefería pasarles de perfil y alejarme mostrando un desinterés que estaba muy lejos de sentir. Todas eran un gran misterio para mí. Yo hubiera querido morir abrasado en esa hoguera secreta, ahogarme en ese pozo de enigmática profundidad, pero no me atrevía a tirarme al fuego o al agua. Y como no encontraba a nadie que me diera un empujón, pasaba por las orillas de la fascinación, sin mirar siquiera, y mucho menos sonreír.

1 **la timidez:** Schüchternheit (*intimidar:* einschüchtern). 4 **el sordomudo / la sordomuda:** Taubstumme(r). 7 **vago/a:** vage, ungenau. **la impresión:** Eindruck; hier: Vorstellung. 7f. **el aspecto:** Erscheinung, Aussehen. 8 **acercarse a alg.:** sich jdm. nähern. 8f. **a sabiendas:** wissentlich, bewusst. 9 **tartamudear:** stottern, stammeln. **enrojecer:** erröten. 10 **pasar de perfil a alg.** (fig.): jdn. ignorieren, jdm. die kalte Schulter zeigen (*el perfil:* Profil). 13 **abrasar:** verbrennen. **la hoguera:** Scheiterhaufen, Feuer. 13f. **ahogarse:** ersticken, ertrinken. 14 **enigmático/a:** rätselhaft, geheimnisvoll. 15 **atreverse a** (+ inf.): (es) wagen, sich trauen zu … 16 **el empujón:** Stoß, Schubs. 17 **siquiera** (adv.): wenigstens, zumindest.

Lo mismo me sucedía con los adultos, gente mínima, empleados de ferrocarriles y de correos y sus «señoras esposas», así llamadas porque la pequeña burguesía se escandaliza intimidada ante la palabra *mujer*. Yo escuchaba las conversaciones en la mesa de mi padre. Pero, al día siguiente, si tropezaba en la calle a los que habían comido la noche anterior en mi casa, no me atrevía a saludarlos, y hasta cambiaba de vereda para esquivar el mal rato.

La timidez es una condición extraña del alma, una categoría, una dimensión que se abre hacia la soledad. También es un sufrimiento inseparable, como si se tienen dos epidermis, y la segunda piel interior se irrita y se contrae ante la vida. Entre las estructuraciones del hombre, esta calidad o este daño son parte de la aleación que va fundamentando, en una larga circunstancia, la perpetuidad del ser.

Confieso que he vivido

1 **me sucede algo:** es passiert mir etwas (*suceder:* geschehen, sich ereignen). 1f. **la gente mínima** (fig.): einfache Leute (*mínimo/a:* minuziös, gering). 3 **el esposo / la esposa:** Ehemann / Ehefrau. 3f. **la pequeña burguesía:** Kleinbürgertum. 4 **escandalizarse ante algo:** Anstoß nehmen an, sich empören über (meistens: *escandalizarse de algo*). 6 **tropezar a alg.:** jdn. (unvermutet) treffen. 8f. **la vereda** (Am.): Bürgersteig. 9 **esquivar:** ausweichen, vermeiden. 10 **la condición:** hier: Naturell, Beschaffenheit, Zustand. **extraño/a:** fremd, sonderbar. 11f. **la soledad:** Einsamkeit. 12 **inseparable:** untrennbar. 13 **la epidermis:** (Ober-)Haut. **interior:** innere(r, s), Innen… 14 **irritarse:** sich entzünden. **contraerse:** sich zusammenziehen. 14f. **la estructuración:** Strukturierung, Gestaltung. 16 **la aleación:** Legierung. **fundamentar:** stützen, untermauern. 17 **la circunstancia:** Umstand, Gegebenheit. **la perpetuidad:** Beständigkeit, Ewigkeit.

La timidez

Apenas supe, solo, que existía
y que podría ser, ir continuando,
tuve miedo de aquello, de la vida,
quise que no me vieran,
que no se conociera mi existencia.
Me puse flaco, pálido y ausente,
no quise hablar para que no pudieran
reconocer mi voz, no quise ver
para que no me vieran,
andando, me pegué contra el muro
como una sombra que se resbalara.

Yo me hubiera vestido
de tejas rotas, de humo,
para seguir allí, pero invisible,
estar presente en todo, pero lejos,
guardar mi propia identidad oscura
atada al ritmo de la primavera.

Un rostro de muchacha, el golpe puro
de una risa partiendo en dos el día

1 **la timidez:** Schüchternheit. 2 **apenas:** kaum (hier zeitlich gemeint). 7 **flaco/a:** dünn, mager. **pálido/a:** bleich, blass. **ausente:** abwesend. 11 **pegarse contra algo:** sich an etwas drücken. 12 **la sombra:** Schatten. **resbalar(se):** (aus)rutschen, gleiten. 14 **la teja:** Ziegel. **el humo:** Rauch. 15 **invisible:** unsichtbar. 18 **atar a:** anbinden an, festbinden an. 19 **el rostro:** Gesicht, Antlitz. 20 **partir:** teilen, halbieren.

como en dos hemisferios de naranja,
y yo cambié de calle,
ansioso de la vida y temeroso,
cerca del agua sin beber el frío,
cerca del fuego sin besar la llama,
y me cubrió una máscara de orgullo,
y fui delgado, hostil como una lanza,
sin que escuchara nadie
– porque yo lo impedía –
mi lamento
encerrado
como la voz de un perro herido
desde el fondo de un pozo.

Memorial de Isla Negra

3 **ansioso/a:** sehnsuchtsvoll, begierig. **temeroso/a:** ängstlich. 5 **la llama:** Flamme. 6 **cubrir:** bedecken. **el orgullo:** Stolz. 7 **hostil:** feindselig. 9 **impedir:** verhindern. 11 **encerrar:** einschließen.

IV

Sexualität und Liebe

Neruda einen *Realisten* zu nennen ist nur dann erlaubt, wenn man das Beiwort *poetisch* nicht vergisst. Er ist keiner, der den Dingen ihren Zauber nehmen, der desillusionieren wollte, kein Ernüchterer: davon wird im Abschnitt 7 dieser Auswahl erst recht die Rede sein müssen. Aber es besteht Anlass, auch hier schon einmal daran zu erinnern, denn nichts wäre falscher, als mit Stendhal anzunehmen, wenn von der Liebe gesprochen wird, unser Dichter würde – wie der französische Romancier es so oft tut – darüber sagen wollen: »n'est-ce que cela? – Ist es nur das?« Nein, die Liebe ist in Nerudas Dichtung, wie wahrscheinlich auch in seinem Leben, eben deswegen schön, weil sie so erlebt wird, wie sie wirklich ist. Man könnte auch sagen: wie sie ›natürlich‹ ist, das heißt unter Einbeziehung des Geschlechtlichen, des ›Sinnlichen‹. Deswegen haben wir die eher ländliche, derbe Initiation, die ›Liebe auf dem Stroh‹ an den Anfang dieses Abschnitts gestellt. Was dem Sechzehnjährigen beim Dreschfest in den Bergen widerfährt, ist eine Überraschung, ein Wunder, keine Beschmutzung. Und er erlebt die Liebe als etwas, das anders aussieht, als es die Dichter überliefert haben. Ist Neruda kein Desillusionierer, so doch ein Entliterarisierer. Das muss an dieser Stelle schon gesagt werden: später wird es noch deutlicher werden. 1921 verließ Neruda Temuco und ging zum Studium nach Santiago. 1923/24 entstehen die *Veinte poemas de amor* ebenso wie *Crepusculario*, Nerudas erste Gedichtsammlungen: da ist der Dichter zwanzig Jahre alt.

Mag sein, dass er sich an das harte Wort seines Vaters,

des Lokomotivführers, dabei erinnerte, der, als er ihm sein erstes Gedicht zeigte, fragte: »Wo hast Du das abgeschrieben?« Nein, Neruda wird von nun an nichts mehr abschreiben. Er wird dichten, wie es noch keiner vor ihm getan hat: in eigenen, selbstgefundenen Worten! Das ›Unliterarische‹ daran ist das Hauptkennzeichen der *Zwanzig Liebesgedichte*, wahrscheinlich ist es auch der Grund für den unerhörten, einzigartigen Erfolg der Dichtung. Endlich frische Luft! Endlich keine süße Bitternis mehr wie einst bei Petrarca, keine edle Feierlichkeit wie bei Ruben Darío, keine Salonatmosphäre, sondern – die Pinien, der Wind und das Meer.

Nerudas Liebesgedichte sind nicht nur eine Dichtung der Natürlichkeit, sondern auch solche, die in der Natur spielen. Zwölf der zwanzig Gedichte, schreibt Hugo Montes in seiner kommentierten Neuausgabe der *Veinte poemas* (Madrid 1989, S. 27) spielen ausdrücklich auf das Meer, den Strand, die Wellen, auf Schiffe oder Häfen an. Man begegnet darin »ozeanischen Augen«, »düsteren Fischen«, Leuchttürmen, Ankern und Ähnlichem. Und darüber wölbt sich der Himmel, durch sie stürmt der Seewind, bei Tag und bei Nacht, wo der Liebende die Sterne über sich sieht, die »bläulich« funkeln.

Die philologischen Schnüffler haben herausbekommen, dass sich die zwanzig Liebesgedichte an zwei verschiedene Geliebte richten, eine, die Neruda »Marisol« nennt, und eine andere, die »Marisombra« heißt. Dem entsprechen hier mehr fröhliche, dort mehr traurige Färbungen, die letzteren wohl in überwiegendem Maße. Das mag noch mit der schönen Melancholie seines jugendlichen Alters zusammenhängen, von der Neruda oft gesprochen hat. Überhaupt entsprechen die Gedichte dem dunklen, verschlüsselten Stil der frühen Dichtung Nerudas, der mit dem Engagement einem helleren, klareren weichen wird. Aber das gilt doch nur für die *Veinte poe-*

mas. Die wenigen Kostproben aus Nerudas späterer – vielleicht auch reiferer – Liebesdichtung sind so dunkel nicht mehr. Sie gelten der Frau, die die dritte und letzte des Dichters sein wird: Mathilde Urrutía, der Südchilenin, die Neruda auch ehelich angetraut sein wird. Bleibt nur noch zu sagen, dass das erste der ihr gewidmeten Gedichte, »El viento en la Isla«, geschrieben wurde, als Mathilde noch die Geliebte Nerudas war, weil die Verbindung zur zweiten Frau noch nicht aufgelöst worden war. Da musste die ihr gewidmete Sammlung, *Los versos del Capitán*, die in Capri entstand und in Neapel erschien, anonym herauskommen. Als er die *Hundert Liebessonette* schrieb, war Neruda längst verheiratet. Es sind auch gar keine Sonette, sie heißen nur so: sind im Druck so gesetzt, als wären es zwei Quartette und zwei Terzette wie bei Petrarca. Sie sind denn auch keine Huldigungen an die unerreichbare Laura, die man nur von ferne anhimmeln, aber mit der man nicht schlafen kann. Nein, hier nun wird die Liebe erst recht vollzogen und ungeniert genossen: da wird, oh Wunder, eine Liebeslust besungen, nicht das Liebesleid. Wo hätte es das in der Liebesdichtung der Welt sonst schon gegeben? (Neruda ist ein Erneuerer der Liebeslyrik – wie der Lyrik überhaupt.)

El amor junto al trigo

Después del asado, de las guitarras, del cansancio cegador del sol y del trigo, había que arreglárselas para pasar la noche. Los matrimonios y las mujeres solas se acomodaban en el suelo, dentro del campamento levantado con tablas recién cortadas. En cuanto a los muchachos, fuimos destinados a dormir en la era. La era elevaba su montaña de paja y podía incrustarse un pueblo entero en su blandura amarilla.

Para mí todo aquello era una inusitada incomodidad. No sabía cómo desenvolverme. Puse cuidadosamente mis zapatos bajo una capa de paja de trigo, la cual debía servirme como almohada. Me quité la ropa, me envolví en mi poncho y me hundí en la montaña de paja. Quedé lejos de todos los otros

2 **el asado:** Braten; hier (Am.): Grillfleisch, Grillen. **el cansancio:** Müdigkeit. 2f. **cegador, -ora:** blendend, blind machend. 3 **arreglárselas:** zurechtkommen, sich zu helfen wissen. 5 **acomodarse:** es sich bequem machen. **el suelo:** Boden. **el campamento:** Lager, Lagerplatz. 6 **levantar:** heben; hier: aufbauen, errichten. **la tabla:** Brett. **en cuanto a:** was … angeht. 7 **destinar a alg. a** (+ inf.): jdn. dazu bestimmen, ausersehen etwas zu tun. **la era:** Tenne. 8 **elevar:** erheben, erhöhen, emporheben. **la paja:** Stroh. **incrustarse:** sich festsetzen; hier (fig.): sich einnisten. 9 **la blandura:** Weichheit. 10 **inusitado/a:** ungewöhnlich. 10f. **la incomodidad:** Unbequemlichkeit, Unannehmlichkeit. 11 **desenvolverse:** sich zu helfen wissen, zurechtkommen. 11f. **cuidadosamente:** sorgfältig (*el cuidado:* Sorgfalt, Vorsicht). 12 **la capa:** Schicht, Lage. 13 **la almohada:** Kissen. 14 **envolverse en:** sich einpacken in, sich einhüllen in. **hundirse:** untergehen, versinken.

que, de inmediato y en forma unánime, se consagraron a roncar.

Yo me quedé mucho tiempo tendido de espaldas, con los ojos abiertos, la cara y los brazos cubiertos por la paja. La noche era clara, fría y penetrante. No había luna pero las estrellas parecían recién mojadas por la lluvia y, sobre el sueño ciego de todos los demás, solamente para mí titilaban en el regazo del cielo. Luego me quedé dormido. Desperté de pronto porque algo se aproximaba a mí, un cuerpo desconocido se movía debajo de la paja y se acercaba al mío. Tuve miedo. Ese algo se arrimaba lentamente. Sentía quebrarse las briznas de paja, aplastadas por la forma desconocida que avanzaba. Todo mi cuerpo estaba alerta, esperando. Tal vez debía levantarme o gritar. Me quedé inmóvil. Oía una respiración muy cercana a mi cabeza.

De pronto avanzó una mano sobre mí, una mano grande, trabajadora, pero una mano de mujer. Me recorrió la frente, los ojos, todo el rostro con dulzura. Luego una boca ávida se pegó a la mía y sentí, a lo

1 **de inmediato:** sofort, unverzüglich. **unánime:** einstimmig. 1f. **consagrarse a** (+ inf.): sich einer Sache widmen. 2 **roncar:** schnarchen. 3 **quedarse tendido/a de espaldas:** ausgestreckt auf dem Rücken liegen bleiben. 5 **penetrante:** schneidend, durchdringend. 8 **titilar:** funkeln. **el regazo:** Schoß. 10 **aproximarse a alg.:** sich jdm. nähern. 12 **arrimarse:** nahe herangehen, sich nähern. **quebrarse:** zerbrechen. 13 **la brizna:** Faser; hier: Halm. **aplastar:** zerdrücken, platt drücken. 14 **avanzar:** vorwärts gehen, weitergehen. **alerto/a:** wachsam. 15 **tal vez:** vielleicht. 15f. **inmóvil:** bewegungslos, regungslos. 16 **la respiración:** Atmung, Atem. 18f. **recorrer:** durchqueren; durchsehen; hier etwa: ertasten. 19 **el rostro:** Gesicht, Antlitz. **la dulzura:** Süße, Sanftheit. 20 **ávido/a:** gierig.

largo de todo mi cuerpo, hasta mis pies, un cuerpo de mujer que se apretaba conmigo.

Poco a poco mi temor se cambió en placer intenso. Mi mano recorrió una cabellera con trenzas, una frente lisa, unos ojos de párpados cerrados, suaves como amapolas. Mi mano siguió buscando y toqué dos senos grandes y firmes, unas anchas y redondas nalgas, unas piernas que me entrelazaban, y hundí los dedos en un pubis como musgo de las montañas. Ni una palabra salía ni salió de aquella boca anónima.

Cuán difícil es hacer el amor sin causar ruido en una montaña de paja, perforada por siete u ocho hombres más, hombres dormidos que por nada del mundo deben ser despertados. Mas lo cierto es que todo puede hacerse, aunque cueste infinito cuidado. Algo más tarde, también la desconocida se quedó bruscamente dormida junto a mí y yo, afiebrado por aquella situación, comencé a aterrorizarme. Pronto amanecería, pensaba, y los primeros trabajadores encontrarían a la mujer desnuda en la era, tendida junto a mí. Pero también yo me quedé dormido. Al desper-

2 **apretarse con alg.:** sich gegen jdn. drängen. 3 **el placer:** Freude, Vergnügen, Lust. 4 **la cabellera:** Haare, Kopfhaar. **la trenza:** Zopf. 5 **el párpado:** Augenlid. 6 **la amapola:** Klatschmohn. 7 **el seno:** Brust. **firme:** fest. 8 **las nalgas** (pl.): Gesäß, Hintern. **entrelazar a alg.:** jdn. umschlingen. 9 **el pubis:** Scham(gegend), Schamhügel. **el musgo:** Moos. 11 **cuán** (elev.): wie, wie sehr (Ausruf). 12 **perforar:** durchbohren, durchlöchern. 14 **despertar:** aufwachen. **mas** (elev.): aber, jedoch. 15 **infinito/a:** endlos, unendlich. 17 **bruscamente:** plötzlich, jäh. **afiebrado/a:** fiebrig. 18 **aterrorizarse:** (sich) erschrecken; hier: Angst bekommen. 19 **amanecer:** dämmern, Tag werden.

tar extendí la mano sobresaltado y sólo encontré un hueco tibio, su tibia ausencia. Pronto un pájaro empezó a cantar y luego la selva entera se llenó de gorjeos. Sonó un pitazo de motor, y hombres y mujeres comenzaron a transitar y afanarse junto a la era y sus trabajos. El nuevo día de la trilla se iniciaba.

Al mediodía almorzábamos reunidos alrededor de unas largas tablas. Yo miraba de soslayo mientras comía, buscando entre las mujeres la que pudiera haber sido la visitante nocturna. Pero unas eran demasiado viejas, otras demasiado flacas, muchas eran jovencitas delgadas como sardinas. Y yo buscaba una mujer compacta, de buenos pechos y trenzas largas. De repente entró una señora que traía un trozo de asado para su marido, uno de los Hernández. Ésta sí que podía ser. Al contemplarla yo desde el otro extremo de la mesa creí notar que aquella hermosa mujer de grandes trenzas me miraba con una mirada rápida y me sonreía con una pequeñísima sonrisa. Y me pareció que esa sonrisa se hacía más grande y más profunda, se abría dentro de mi cuerpo.

Confieso que he vivido

1 **extender:** ausbreiten, strecken; hier: ausstrecken. **sobresaltarse:** (sich) plötzlich erschrecken, bestürzt sein. 2 **el hueco:** Loch, Lücke. **tibio/a:** lau(warm). **la ausencia:** Abwesenheit. 3 **el gorjeo:** Trällern, Gezwitscher. 4 **el pitazo** (Am.): Pfiff, Zischen, Geheul. 5 **transitar:** fahren; hier: umhergehen, umherlaufen. **afanarse:** sich abmühen, sich anstrengen. 6 **la trilla:** Dreschzeit, Dreschen. **iniciarse:** beginnen. 8 **mirar de soslayo:** aus den Augenwinkeln betrachten, verstohlen ansehen (*soslayo/a:* schräg). 10 **nocturno/a:** nächtlich, Nacht… 13f. **de repente:** plötzlich. 16 **contemplar:** betrachten, anschauen. 17 **notar:** bemerken, wahrnehmen.

Cuerpo de mujer, blancas colinas, muslos blancos,
te pareces al mundo en tu actitud de entrega.
Mi cuerpo de labriego salvaje te socava
y hace saltar el hijo del fondo de la tierra.

Fui solo como un túnel. De mí huían los pájaros
y en mí la noche entraba su invasión poderosa.
Para sobrevivirme te forjé como un arma,
como una flecha en mi arco, como una piedra en
mi honda.

Pero cae la hora de la venganza, y te amo.
Cuerpo de piel, de musgo, de leche ávida y firme.
Ah los vasos del pecho! Ah los ojos de ausencia!
Ah las rosas del pubis! Ah tu voz lenta y triste!

Cuerpo de mujer mía, persistiré en tu gracia.
Mi sed, mi ansia sin límite, mi camino indeciso!
Oscuros cauces donde la sed eterna sigue,
y la fatiga sigue, y el dolor infinito.

Veinte poemas de amor
y una canción desesperada, I

1 **la colina:** Hügel. **el muslo:** Oberschenkel. 2 **parecerse a algo/alg.:** etwas/jdm. ähneln. **la entrega:** Überreichung, Auslieferung. 3 **el labriego / la labriega:** Landwirt(in), Bauer / Bäuerin. **salvaje:** wild. **socavar:** graben, umgraben, pflügen. 4 **el fondo:** Grund, Tiefe. 6 **poderoso/a:** mächtig. 7 **sobrevivir:** überleben, fortleben. **forjar:** schmieden. 8 **la flecha:** Pfeil. **el arco:** Bogen. 9 **la honda:** Schleuder. 10 **la venganza:** Rache. 11 **el musgo:** Moos. **ávido/a:** gierig. **firme:** fest. 12 **el vaso:** hier: Gefäß. **la ausencia:** Abwesenheit. 13 **el pubis:** Scham(gegend), Schamhügel. 14 **persistir:** bestehen, fortdauern. 15 **la ansia:** Sehnsucht, Verlangen. **el límite:** Grenze. **indeciso/a:** unentschlossen, unklar. 16 **el cauce:** Flußbett, Weg. **eterno/a:** ewig. 17 **la fatiga:** Ermüdung, Erschöpfung.

He ido marcando con cruces de fuego
el atlas blanco de tu cuerpo.
Mi boca era una araña que cruzaba
escondiéndose.
En ti, detrás de ti, temerosa, sedienta.

Historias que contarte a la orilla del crepúsculo,
muñeca triste y dulce, para que no estuvieras
triste.
Un cisne, un árbol, algo lejano y alegre.
El tiempo de las uvas, el tiempo maduro y frutal.

Yo que viví en un puerto desde donde te amaba.
La soledad cruzada de sueño y de silencio.
Acorralado entre el mar y la tristeza.
Callado, delirante, entre dos gondoleros inmóviles.

Entre los labios y la voz, algo se va muriendo.
Algo con alas de pájaro, algo de angustia y de
olvido.
Así como las redes no retienen el agua.
Muñeca mía, apenas quedan gotas temblando.
Sin embargo, algo canta entre estas palabras
fugaces.

4 **esconderse:** sich verstecken. 5 **temeroso/a:** ängstlich. **sediento/a:** durstig. 6 **el crepúsculo:** Dämmerung. 9 **el cisne:** Schwan. **lejano/a:** fern. 10 **maduro/a:** reif. **frutal:** fruchtig, Obst… 12 **la soledad:** Einsamkeit. 13 **acorralar:** einpferchen, einkreisen. 14 **delirante:** wahnsinnig. **el gondolero:** Gondoliere. **inmóvil:** bewegungslos, regungslos. 15 **el labio:** Lippe. 16 **la angustia:** Beklemmung, Angst. 17 **el olvido:** Vergessen, Vergessenheit. 18 **la red:** Netz. **retener:** zurückhalten. 19 **temblar:** zittern. 20 **sin embargo:** trotzdem, dennoch. 21 **fugaz:** flüchtig, vergänglich.

Algo canta, algo sube hasta mi ávida boca.
Oh poder celebrarte con todas las palabras de alegría.
Cantar, arder, huir, como un campanario en las manos de un loco.
Triste ternura mía, qué te haces de repente?
Cuando he llegado al vértice más atrevido y frío
mi corazón se cierra como una flor nocturna.

Veinte poemas de amor
y una canción desesperada, XIII

El viento en la isla

El viento es un caballo:
óyelo cómo corre
por el mar, por el cielo.

Quiere llevarme: escucha
cómo recorre el mundo
para llevarme lejos.

Escóndeme en tus brazos
por esta noche sola,

1 **ávido/a:** gierig. 4 **arder:** brennen. **el campanario:** Glockenturm. 6 **la ternura:** Zärtlichkeit, Zartheit. **de repente:** plötzlich. 7 **el vértice:** Scheitel(punkt), Höhepunkt. **atrevido/a:** kühn, verwegen. 8 **nocturno/a:** nächtlich, Nacht…

16 **recorrer:** durchqueren, bereisen. 18 **esconder:** verstecken.

mientras la lluvia rompe
contra el mar y la tierra
su boca innumerable.

Escucha cómo el viento
me llama galopando
para llevarme lejos.

Con tu frente en mi frente,
con tu boca en mi boca,
atados nuestros cuerpos
al amor que nos quema,
deja que el viento pase
sin que pueda llevarme.

Deja que el viento corra
coronado de espuma,
que me llame y me busque
galopando en la sombra,
mientras yo, sumergido
bajo tus grandes ojos,
por esta noche sola
descansaré, amor mío.

Los versos del Capitán

3 **innumerable:** zahllos, unzählbar. 9 **atar:** festbinden, zusammenbinden. 10 **quemar:** brennen, verbrennen. 11 **dejar que** (+ subj.): erlauben / zulassen, dass … 14 **coronar:** krönen. **la espuma:** Schaum, Gischt. 16 **la sombra:** Schatten. 17 **sumergirse:** versinken, sich versenken.

La gran lluvia del Sur cae sobre Isla Negra
como una sola gota transparente y pesada,
el mar abre sus hojas frías y la recibe,
la tierra aprende el húmedo destino de una copa.

Alma mía, dame en tu beso el agua
salobre de estos meses, la miel del territorio,
la fragancia mojada por mil labios del cielo,
la paciencia sagrada del mar en el invierno.

Algo nos llama, todas las puertas se abren solas,
relata el agua un largo rumor a las ventanas,
crece el cielo hacia abajo tocando las raíces,

y así teje y desteje su red celeste el día
con tiempo, sal, susurros, crecimientos, caminos,
una mujer, un hombre, y el invierno en la tierra.

Cien sonetos de amor, LXVII

1 **Isla Negra:** Name eines Hauses von Pablo Neruda im gleichnamigen Ort an der chilenischen Küste. 3 **la hoja:** Blatt, (Fenster-, Tür-) Flügel. 4 **el destino:** Schicksal, Los, Bestimmung. 6 **salobre:** brackig, salzig. 7 **la fragancia:** Duft. **el labio:** Lippe. 10 **relatar:** schildern, berichten. **el rumor:** Geräusch, Brausen, Rauschen. 12 **tejer:** weben, flechten. **destejer:** auftrennen, entflechten. **la red:** Netz. **celeste:** himmlisch, Himmels… (auch himmelblau). 13 **el susurro:** Säuseln, Rauschen. **el crecimiento:** Wachstum.

V

Stadt und Land

Von Horaz bis Rousseau ist die Gegenüberstellung von Stadt und Land eines der beliebtesten Themen der Dichtung. Zugleich ist es, vor allem in den ›Entwicklungsländern‹, ein Thema, das seine Aktualität bis heute bewahrt, oder richtiger: heute erst recht bekommen hat. Wer in der freien Natur aufwuchs, wie Neruda, konnte sich in einer Stadt wie Santiago de Chile, die oft genug im Smog liegt (denn der vom Pazifik herströmende Wind staut sich an den Steilwänden der Anden hinter der Metropole), nicht wohlfühlen. Es bedurfte daher keiner Erinnerung an das literarisch überlieferte Thema, um den Studenten des »Instituto pedagógico« in Santiago (wo er Französisch lernen wollte) dieses behandeln zu lassen. »Barrio sin luz« spricht Erfahrenes aus, kein Zweifel, aber es ist (noch) relativ traditionell gefasst, ein Gedicht, das nur stellenweise den eigenen, unverwechselbaren Neruda-Ton aufweist. Vor allem in dem Schlussvers, um dessentwillen das Gedicht hier hauptsächlich steht: da ist der Dichter eine Furche, in die, wie ein Same, »die Klage« fällt, aus der dann die Dichtung wie eine Pflanze hervorwachsen wird. Damit ist, wenn auch mehr in der Form des Mitleidens als des Mitstreitens, der Keim des späteren Engagements schon gelegt. (Das Gedicht entstammt der Sammlung *Crepusculario*, die 1923 entstand.) Im vorangestellten Prosatext aus *Confieso que he vivido* schildert der Dichter rückblickend, wie er vom Land in die Stadt kam, sich dort wie ein Ertrinkender vorkam und gleich auch schon begann, sich an die Wälder zu erinnern, in denen er aufwuchs und zum Dichter geworden war.

Las casas de pensión

Después de muchos años de liceo, en que tropecé siempre en el mes de diciembre con el examen de matemáticas, quedé exteriormente listo para enfrentarme con la universidad, en Santiago de Chile. Digo exteriormente, porque por dentro mi cabeza iba llena de libros, de sueños y de poemas que me zumbaban como abejas.

Provisto de un baúl de hojalata, con el indispensable traje negro del poeta, delgadísimo y afilado como un cuchillo, entré en la tercera clase del tren nocturno que tardaba un día y una noche interminables en llegar a Santiago.

Este largo tren que cruzaba zonas y climas diferentes, y en el que viajé tantas veces, guarda para mí aún su extraño encanto. Campesinos de ponchos mojados y canastos con gallinas, taciturnos mapuches, toda una

2 **el liceo** (Am.): Gymnasium. **tropezar con algo:** auf etwas stoßen, über etwas stolpern. 4 **exteriormente:** äußerlich. **listo/a:** bereit. 4f. **enfrentarse con algo:** etwas die Stirn bieten, sich mit etwas konfrontieren. 7 **zumbar:** summen, brummen. 8 **la abeja:** Biene. 9 **provisto/a de:** ausgestattet mit, versehen mit. **el baúl:** Truhe, Schrankkoffer. **la hojalata:** Blech. 9f. **indispensable:** unerlässlich, unabdingbar. 10 **afilado/a:** spitz, dünn, schmal. 11 **nocturno/a:** nächtlich, Nacht... 12 **interminable:** unendlich, endlos. 15 **guardar:** behalten, bewahren. 16 **extraño/a:** ungewöhnlich, außerordentlich. **el encanto:** Zauber, Reiz. 17 **el canasto:** *la canasta:* Korb. **taciturno/a:** trübsinnig, schweigsam, wortkarg. **el/la mapuche:** Araukaner(in); in Chile und Argentinien heimisches Indio-Volk.

vida se desarrollaba en el vagón de tercera. Eran numerosos los que viajaban sin pagar, bajo los asientos. Al aparecer el inspector se producía una metamorfosis. Muchos desaparecían y algunos se ocultaban debajo de un poncho sobre el cual de inmediato dos pasajeros fingían jugar a las cartas, sin que al inspector le llamara la atención esta mesa improvisada.

Entre tanto el tren pasaba, de los campos con robles y araucarias y las casas de madera mojada, a los álamos del centro de Chile, a las polvorientas construcciones de adobe. Muchas veces hice aquel viaje de ida y vuelta entre la capital y la provincia, pero siempre me sentí ahogar cuando salía de los grandes bosques, de la madera maternal. Las casas de adobe, las ciudades con pasado, me parecían llenas de telarañas y silencio. Hasta ahora, sigo siendo un poeta de la intemperie, de la selva fría que perdí desde entonces.

Confieso que he vivido

1 **desarrollarse:** sich entwickeln, sich entfalten. 1f. **numeroso/a:** zahlreich. 3 **aparecer:** erscheinen. 4 **desaparecer:** verschwinden. **ocultarse:** sich verstecken, sich verbergen. 5 **de inmediato:** sofort, unverzüglich. 6 **fingir** (+ inf.): vortäuschen zu … 8 **entre tanto:** währendessen, inzwischen. 8f. **el roble:** Eiche. 9 **la araucaria:** Araukarie, Schuppentanne. 10 **el álamo:** Pappel. **polvoriento/a:** staubig. 11 **el adobe:** Luftziegel, Lehmziegel. 13 **ahogar:** ertrinken, ersticken. 14 **maternal:** mütterlich, Mutter… 16 **la telaraña:** Spinnennetz, Spinnwebe. 17 **la intemperie:** (raue) Witterung; hier etwa: die freie Luft (*a la intemperie:* im Freien, bei Wind und Wetter). 17f. **desde entonces:** seitdem.

Barrio sin luz

Se va la poesía de las cosas
o no la puede condensar mi vida?
Ayer – mirando el último crepúsculo –
yo era un manchón de musgo entre unas ruinas.

Las ciudades – hollines y venganzas –,
la cochinada gris de los suburbios,
la oficina que encorva las espaldas,
el jefe de ojos turbios.

Sangre de un arrebol sobre los cerros,
sangre sobre las calles y las plazas,
dolor de corazones rotos,
pobre de hastíos y de lágrimas.

Un río abraza el arrabal como una
mano helada que tienta en las tinieblas:
sobre sus aguas
se avergüenzan de verse las estrellas.

1 **el barrio:** Stadtteil, Viertel. 3 **condensar:** kondensieren, verdichten. 4 **el crepúsculo:** Dämmerung. 5 **el manchón:** großer Fleck, dicht bewachsene Stelle. **el musgo:** Moos. 6 **el hollín:** Ruß. **la venganza:** Rache. 7 **la cochinada** (fam.): Schweinerei. **el suburbio:** Vorort, Vorstadt. 8 **encorvar:** beugen, krümmen. 9 **turbio/a:** trübe. 10 **el arrebol:** Rotfärbung, Morgenröte, Abendröte. **el cerro:** Anhöhe, Hügel. 13 **el hastío:** Ekel, Überdruss. 14 **el arrabal:** Vorstadt, Außenbezirk einer Stadt. 15 **tentar:** befühlen, betasten (auch verführen). **las tinieblas** (pl.): Finsternis, Dunkelheit. 17 **avergonzarse de** (+ inf.): sich schämen zu…

Y las casas que esconden los deseos
detrás de las ventanas luminosas,
mientras afuera el viento
lleva un poco de barro a cada rosa.

Lejos … la bruma de las olvidanzas
– humos espesos, tajamares rotos –,
y el campo, el campo verde!, en que jadean
los bueyes y los hombres sudorosos.

Y aquí estoy yo, brotado entre las ruinas,
mordiendo solo todas las tristezas,
como si el llanto fuera una semilla
y yo el único surco de la tierra.

Crepusculario

1 **esconder:** verstecken. **el deseo:** Wunsch, Verlangen. 2 **luminoso/a:** leuchtend, strahlend, hell. 5 **la bruma:** leichter Nebel, Dunst. **la olvidanza:** Vergessen. 6 **el humo:** Rauch. **espeso/a:** dicht, dick. **el tajamar** (Chil.): Mole. 7 **jadear:** keuchen, hecheln. 8 **el buey:** Ochse. **sudoroso/a:** schweißbedeckt, verschwitzt. 9 **brotar:** knospen, (hervor)sprießen. 11 **el llanto:** Weinen, Klage. **la semilla:** Samen. 12 **el surco:** Spur, Furche.

VI

Das Engagement

Der Titel des in diesem Abschnitt vorangestellten Gedichts besagt, warum dazu eine ›Verständnishilfe‹ in Gestalt von Prosaerinnerungen nicht notwendig ist: der Dichter »erklärt« selbst, was ihm widerfuhr, als mit einem Mal die Bomben auf Madrid fielen und der spanische Bürgerkrieg ausbrach. 1931 war Neruda von seinen Konsulspflichten in Singapur erlöst worden, 1932 nach Chile zurückgekehrt, bekam 1934 einen Posten als chilenischer Konsul in Barcelona, 1935 einen ebensolchen in Madrid. Dort lebte er, nachdem seine erste Ehe mit einer Holländerin gescheitert war, mit Delia del Caril, einer politisch engagierten Argentinierin, zusammen. In unserem Gedicht wird das Haus beschrieben, das das »Haus der Blumen« hieß, und wo all die vielen Freunde, vornehmlich die Dichter der »Generation von 1927« aus und ein gingen. Abrupt endete die Idylle, und Neruda engagierte sich: das heißt, seine Hinwendung zum Kommunismus war eine Folge des Antifaschismus spanisch-klerikaler Prägung. Am 18. Juli 1936 wurde sein Freund Federico García Lorca in einen Hinterhalt gelockt und von Falangisten erschossen. Das hat Neruda zutiefst betroffen. Seine Kampfgedichte begleiteten republikanische Kämpfer in den Krieg. Die Welt habe sich verändert – und seine Poesie habe sich auch verändert, schrieb er, und wurde zu dem ›engagierten Lyriker‹, als den die Welt ihn kennengelernt hat und womit er bewies, wie unrecht Sartre hatte, wenn er meinte, engagiert könne man nur in Prosa sein, dem Wesen der Lyrik widersetzten sich politische Stellungnahmen, weil diese ja nicht so explizit sein dürfe wie die Prosa und weil sie von der Sprache lebe, nicht Mitteilungs- und nicht Aufforderungscharakter haben könne. Irrtum! »Explico algunas cosas« ist eines der besten Gedichte Nerudas, und es spricht daraus ebenso die Empörung wie der Zorn und die Aufforderung zum Kampf. Übrigens gehören auch die Töne der Wut auf die »Banditen mit Flugzeugen«, die Franco begleitenden »Mohren«, die »Herzoginnen«, die mit dem Diktator sympathisierten, und die »Mönche«, die sein Unternehmen segneten, zum Stil dieser engagierten Dichtung.

Mit dem Auszug aus »Alturas de Macchu Picchu« (aus dem *Canto general*) machen wir einen zeitlichen Sprung. Die Fluchtburg der Inkas im Hochland von Perú besuchte Neruda 1952 auf dem Rückweg von México, wo er nun Konsul gewesen war. Das Gedicht über Macchu Picchu als Symbol lateinamerikanischer Größe und lateinamerikanischer Unterdrückung (der Indios durch die Inkas) entstand nach längerem Reifeprozess 1954. Da hat sich Nerudas Engagement vertieft und erweitert: nun spricht er für die Ausgebeuteten und Entrechteten, die Armen und Unterdrückten seines Kontinents. Und wieder kann man nur sagen: dieses Engagement schadet der Dichtung nicht nur nicht, es ist gar nicht von ihr wegzudenken. (Macchu Picchu ist keine Festung, es ist eine Fluchtburg, ein »Réduit«, das die Inkas vorsorglich erbaut hatten und wo wenigstens einige von ihnen, die königliche Familie, die Priesterinnen und Priester, sich einnisteten, bevor sie vor den nachfolgenden Spaniern noch weiter ins Innere, nach Vilcabamba, flohen. Die große Anlage mit Wohnhäusern, Tempeln, Freiplätzen zu Spiel und Fest oder Opferung, mit zahllosen, großenteils aus e i n e m Stein bestehenden Treppen und Rinnen für das abfließende Wasser, liegt auf einer hohen Felsnase über dem Urubambatal. Sie wurde, nachdem sie verlassen worden war, von der tropischen Vegetation überwuchert und erst 1911 von einem nordamerikanischen Archäologen, Miram Bingham, entdeckt und freigelegt. Heute ist Macchu Picchu die größte Touristenattraktion Südamerikas.) Nerudas Langgedicht verquickt die räumliche und die zeitliche Perspektive und enthält manche persönlichen Anspielungen, die der Dichter, wie immer, symbolisiert mit der Geschichte des Subkontinents verflicht. Es versteht sich, dass Neruda (von dem Gabriela Mistral sagte, er habe Indioblut in seinen Adern) sich für die indianischen Arbeiter einsetzt, die die Fluchtburg im Schweiße ihres Angesichts erbauen mussten. Für sie spricht er insbesondere zum Schluss …

Ein Gedicht sollte dem ›Arbeiterdichter‹ gelten: »La gran alegría«. (Neruda verdankte seiner Partei, sagte er, die Lebensfreude.) Und schließlich durfte auch eines jener Gedichte nicht fehlen, in denen Neruda, wie viele seiner Landsleute, den ›Dollar-Imperialismus‹ anprangert, »La United Fruit Co.«. Im Visier hat der Dichter freilich nicht nur die nordamerikanischen Ausbeuter, sondern auch deren Zuhälter aus Südamerika, die einzeln zu identifizieren nicht der Mühe wert ist.

Explico algunas cosas

Preguntaréis: Y dónde están las lilas?
Y la metafísica cubierta de amapolas?
Y la lluvia que a menudo golpeaba
sus palabras llenándolas
de agujeros y pájaros?

21 **la lila:** Flieder. 22 **cubrir:** bedecken. **la amapola:** Klatschmohn. 23 **a menudo:** häufig, oft. **golpear:** schlagen, klopfen; hier: prasseln. 25 **el agujero:** Loch.

Os voy a contar todo lo que me pasa.

Yo vivía en un barrio
de Madrid, con campanas,
con relojes, con árboles.

Desde allí se veía
el rostro seco de Castilla
como un océano de cuero.
Mi casa era llamada
la casa de las flores, porque por todas partes
estallaban geranios: era
una bella casa
con perros y chiquillos.
Raúl, te acuerdas?
Te acuerdas, Rafael?
Federico, te acuerdas
debajo de la tierra,
te acuerdas de mi casa con balcones en donde
la luz de junio ahogaba flores en tu boca?
Hermano, hermano!

Todo
eran grandes voces, sal de mercaderías,
aglomeraciones de pan palpitante,

2 **el barrio:** Stadtviertel. 3 **la campana:** Glocke. 6 **el rostro:** Gesicht, Antlitz. 10 **estallar:** losbrechen, platzen, bersten. 12 **el chiquillo / la chiquilla:** Tierjunge(s), kleines Kind. 18 **ahogar:** ersticken, ertränken. 21 **la mercadería:** Ware. 22 **la aglomeración:** Anhäufung. **palpitante:** zuckend, klopfend, pochend (Herz); hier (fig.): voll Leben.

mercados de mi barrio de Argüelles con su estatua
como un tintero pálido entre las merluzas:
el aceite llegaba a las cucharas,
un profundo latido
de pies y manos llenaba las calles,
metros, litros, esencia
aguda de la vida,
                pescados hacinados,
contextura de techos con sol frío en el cual
la flecha se fatiga,
delirante marfil fino de las patatas,
tomates repetidos hasta el mar.

Y una mañana todo estaba ardiendo
y una mañana las hogueras
salían de la tierra
devorando seres,
y desde entonces fuego,
pólvora desde entonces,
y desde entonces sangre.

1 **Argüelles:** gehobenes Stadtviertel in Madrid, in der Nähe der Universität, mit eigenem Geschäftszentrum und Märkten. 2 **el tintero:** Tintenfass; hier wohl eine Anspielung auf das Denkmal des Politikers Agustín Argüelles in der »Calle Princesa«. **pálido/a:** bleich, blass. **la merluza:** Seehecht, Meerhecht. 4 **el latido:** Schlagen, Klopfen, Pochen. 6 **la esencia:** Wesen, Essenz. 7 **agudo/a:** stechend, scharf. 8 **hacinar:** aufschichten. 9 **la contextura:** Textur, Anordnung. 10 **la flecha:** Pfeil, Bogenhöhe; hier: Durchbiegung (der Balken). **fatigarse:** ermüden. 11 **delirante:** wahnsinnig. **el marfil:** Elfenbein. 13 **arder:** brennen. 14 **la hoguera:** Feuer, Scheiterhaufen. 16 **devorar:** verschlingen. **el ser:** Wesen, Mensch. 18 **la pólvora:** (Schieß-)Pulver.

Bandidos con aviones y con moros,
bandidos con sortijas y duquesas,
bandidos con frailes negros bendiciendo
venían por el cielo a matar niños,
y por las calles la sangre de los niños
corría simplemente, como sangre de niños.

Chacales que el chacal rechazaría,
piedras que el cardo seco mordería escupiendo,
víboras que las víboras odiaran!

Frente a vosotros he visto la sangre
de España levantarse
para ahogaros en una sola ola
de orgullo y de cuchillos!

Generales
traidores:
mirad mi casa muerta,

1 **los bandidos con aviones:** wahrscheinlich Anspielung auf die italienischen Flugzeuge, die Mussolini General Franco zu Beginn des Militärputsches im Juli 1936 zur Unterstützung schickte. **el moro / la mora:** Maure, -in; hier bezieht sich Neruda wohl auf die Unterstützung, die Franco von Marokko erhielt. 2 **la sortija:** Ring, Siegelring. **el duque / la duquesa:** Herzog(in); Anspielung auf die Unterstützung Francos durch die spanische Aristokratie, in die er durch seine Heirat mit Carmen Polo, Tochter einer einflussreichen Familie aus Oviedo, Einzug halten konnte. 3 **el fraile:** Mönch; hier bezieht sich Neruda wohl auf die moralische und wirtschaftliche Unterstützung, die Franco vom Vatikan erhielt. **bendecir:** segnen. 7 **rechazar:** ablehnen, zurückweisen. 8 **el cardo:** Distel. **escupir:** spucken, ausspucken. 9 **la víbora:** Viper, Schlange. **odiar:** hassen. 13 **el orgullo:** Stolz. 15 **el traidor / la traidora:** Verräter(in).

mirad España rota:
pero de cada casa muerta sale metal ardiendo
en vez de flores,
pero de cada hueco de España
sale España,
pero de cada niño muerto sale un fusil con ojos,
pero de cada crimen nacen balas
que os hallarán un día el sitio
del corazón.

Preguntaréis por qué su poesía
no nos habla del sueño, de las hojas,
de los grandes volcanes de su país natal?

Venid a ver la sangre por las calles,
venid a ver
la sangre por las calles,
venid a ver la sangre
por las calles!

Tercera residencia

4 **el hueco:** Loch, Lücke. 6 **el fusil:** Gewehr. 7 **la bala:** Gewehrkugel, Geschoss. 8 **hallar algo:** etwas (vor)finden, auf etwas stoßen. 12 **el país natal:** Heimatland, Geburtsland (*natal:* Geburts…).

Alturas de Macchu Picchu

X

Piedra en la piedra, el hombre, dónde estuvo?
Aire en el aire, el hombre, dónde estuvo?
Tiempo en el tiempo, el hombre, dónde estuvo?
Fuiste también el pedacito roto
de hombre inconcluso, de águila vacía
que por las calles de hoy, que por las huellas,
que por las hojas del otoño muerto
va machacando el alma hasta la tumba?
La pobre mano, el pie, la pobre vida …
Los días de la luz deshilachada
en ti, como la lluvia
sobre las banderillas de la fiesta,
dieron pétalo a pétalo de su alimento oscuro
en la boca vacía?
Hambre, coral del hombre,
hambre, planta secreta, raíz de los leñadores,
hambre, subió tu raya de arrecife
hasta estas altas torres desprendidas?

1 **Macchu Picchu:** Machu Picchu, Ruinenstadt der Inka in den peruanischen Anden. 6 **el pedacito** (dim.): *el pedazo.* 7 **inconcluso/a:** unbeendet, unfertig. **el águila** (f.): Adler. 8 **la huella:** Spur. 10 **machacar:** zerstampfen, zermalmen, zerdrücken. **la tumba:** Grab. 12 **deshilachado/a:** schäbig, fadenscheinig. 14 **la banderilla:** Banderilla; hier (dim.): *la bandera:* Fahne. 15 **el pétalo:** Blütenblatt. **el alimento:** Nahrung. 17 **el coral:** Koralle. 18 **el leñador:** Holzfäller. 19 **la raya:** Linie, Begrenzung; hier: oberer Rand. **el arrecife:** Riff. 20 **desprender:** abmachen, (los)lösen.

Yo te interrogo, sal de los caminos,
muéstrame la cuchara, déjame, arquitectura,
roer con un palito los estambres de piedra,
subir todos los escalones del aire hasta el vacío,
rascar la entraña hasta tocar el hombre.

Macchu Picchu, pusiste
piedra en la piedra, y en la base, harapos?
Carbón sobre carbón, y en el fondo la lágrima?
Fuego en el oro, y en él, temblando el rojo
goterón de la sangre?
Devuélveme el esclavo que enterraste!
Sacude de las tierras el pan duro
del miserable, muéstrame los vestidos
del siervo y su ventana.
Dime cómo durmió cuando vivía.
Dime si fue su sueño
ronco, entreabierto, como un hoyo negro
hecho por la fatiga sobre el muro.
El muro, el muro! Si sobre su sueño
gravitó cada piso de piedra, y si cayó bajo ella

1 **interrogar:** verhören, (be)fragen. 3 **roer:** nagen; hier: abkratzen, abtragen. **el palito** (dim.): *el palo:* Stock. **el estambre:** Kammgarnstoff; hier etwa: Textur. 4 **el vacío:** Leere. 5 **rascar:** kratzen, abkratzen. **la entraña:** Eingeweide (meistens Plural). 7 **la base:** Grundlage; hier: Fundament. **el harapo:** Lumpen. 8 **el fondo:** Boden, Grund. 9 **temblar:** zittern. 10 **el goterón** (aum.): etwa: Riesentropfen. 11 **devolver:** zurückgeben. **enterrar:** begraben. 12 **sacudir:** rütteln, schütteln. 13 **el/la miserable:** Arme(r), Elende(r). 14 **el siervo / la sierva:** Sklave, -in. 17 **ronco/a:** heiser, rau. **entreabierto/a:** halb offen. **el hoyo:** Grube, Grab. 18 **la fatiga:** Ermüdung, Erschöpfung. 20 **gravitar sobre algo:** auf etwas ruhen, auf etwas lasten.

como bajo una luna, con el sueño!
Antigua América, novia sumergida,
también tus dedos,
al salir de la selva hacia el alto vacío de los dioses,
bajo los estandartes nupciales de la luz y el decoro,
mezclándose al trueno de los tambores y de las
lanzas,
también, también tus dedos,
los que la rosa abstracta y la línea del frío, los
que el pecho sangriento del nuevo cereal
trasladaron
hasta la tela de materia radiante, hasta las duras
cavidades,
también, también, América enterrada, guardaste
en lo más bajo,
en el amargo intestino, como un águila, el hambre?

XI

A través del confuso esplendor,
a través de la noche de piedra, déjame hundir la
mano

2 **sumergirse:** versinken. 5 **el estandarte:** Standarte. **nupcial:** Hochzeits…, Braut… **el decoro:** Anstand, Würde. 6 **el trueno:** Donner. **el tambor:** Trommel. 10 **sangriento/a:** blutig, blutbefleckt. **el cereal:** Korn, Getreide (meistens Plural). 11 **trasladar:** verschieben, versetzen, bewegen. 12 **radiante:** strahlend, glänzend. 13 **la cavidad:** Hohlraum, Höhle. 14 **guardar:** bewahren, behalten. 16 **amargo/a:** bitter. **el intestino:** Darm, Eingeweide (meistens Plural). 18 **confuso/a:** konfus, undeutlich, dunkel. **el esplendor:** Pracht, Glanz. 19 **hundir:** versenken.

y deja que en mí palpite, como un ave mil años
prisionera,
el viejo corazón del olvidado!
Déjame olvidar hoy esta dicha, que es más ancha
que el mar,
porque el hombre es más ancho que el mar y que
sus islas,
y hay que caer en él como en un pozo para salir
del fondo
con un ramo de agua secreta y de verdades
sumergidas.
Déjame olvidar, ancha piedra, la proporción
poderosa,
la trascendente medida, las piedras del panal,
y de la escuadra déjame hoy resbalar
la mano sobre la hipotenusa de áspera sangre y
cilicio.
Cuando, como una herradura de élitros rojos, el
cóndor furibundo
me golpea las sienes en el orden del vuelo

1 **dejar que** (+ subj.): erlauben / zulassen, dass … **palpitar:** schlagen, pochen. **el ave** (f.): Vogel. 2 **prisionero/a:** hier (adj.) etwa: gefangen gehalten. 4 **la dicha:** Glück. 10 **el ramo:** Strauß, Zweig, Ast. 13 **poderoso/a:** mächtig. 14 **la medida:** Maß, Ausmaß. 14 ff. **el panal:** Wabe / **la escuadra:** (Stütz-)Winkel / **la hipotenusa:** Hypotenuse (längste Seite des rechtwinkligen Dreiecks); hier: Hinweise auf die Bauweise der Inka. 15 **resbalar:** rutschen, gleiten. 16 **áspero/a:** derb, rau, spröde. 17 **el cilicio:** Büßergürtel, Büßergewand. 18 **la herradura:** Hufeisen. **el élitro** (zoo.): Deckflügel. 19 **furibundo/a:** zornerfüllt, rasend. 20 **golpear:** schlagen, klopfen. **la sien:** Schläfe. **en el orden del vuelo:** etwa: während des Fluges.

y el huracán de plumas carniceras barre el polvo sombrío
de las escalinatas diagonales, no veo a la bestia veloz,
no veo el ciego ciclo de sus garras,
veo el antiguo ser, servidor, el dormido
en los campos, veo un cuerpo, mil cuerpos, un hombre, mil mujeres,
bajo la racha negra, negros de lluvia y noche,
con la piedra pesada de la estatua:
Juan Cortapiedras, hijo de Wiracocha,
Juan Comefrío, hijo de estrella verde,
Juan Piesdescalzos, nieto de la turquesa,
sube a nacer conmigo, hermano.

XII

Sube a nacer conmigo, hermano.

Dame la mano desde la profunda
zona de tu dolor diseminado.

1 **el huracán:** Orkan. **carnicero/a:** Fleisch fressend, blutrünstig. 2 **sombrío/a:** dunkel, düster, schwermütig. 3 **la escalinata:** Freitreppe, Vortreppe. 4 **veloz:** schnell, behände. 5 **ciego/a:** blind. **la garra:** Kralle, Klaue. 6 **el ser:** Wesen, Mensch. **el servidor / la servidora:** Diener(in). 9 **la racha:** Windstoß, Böe. 11 **Wiracocha:** Name einer Gottheit und eines Herrschers der Inka. 12 **la estrella verde:** wahrscheinlich Anspielung auf den von den Inka betriebenen Smaragdabbau in der heute kolumbianischen Muzo-Mine. 13 **la turquesa:** hier: Anspielung auf den Türkisstein, der bei den Inkas oft zu Schmuck verarbeitet wurde. 18 **diseminarse:** sich verstreuen, sich verbreiten.

No volverás del fondo de las rocas.
No volverás del tiempo subterráneo.
No volverá tu voz endurecida.
No volverán tus ojos taladrados.
Mírame desde el fondo de la tierra,
labrador, tejedor, pastor callado:
domador de guanacos tutelares:
albañil del andamio desafiado:
aguador de las lágrimas andinas:
joyero de los dedos machacados:
agricultor temblando en la semilla:
alfarero en tu greda derramado:
traed a la copa de esta nueva vida
vuestros viejos dolores enterrados.
Mostradme vuestra sangre y vuestro surco,
decidme: aquí fui castigado,
porque la joya no brilló o la tierra
no entregó a tiempo la piedra o el grano:
señaladme la piedra en que caísteis

1 **la roca:** Gestein, Felsen. 2 **subterráneo/a:** unterirdisch. 3 **endurecer:** hart werden, verhärten. 4 **taladrar:** bohren, durchbohren. 6 **el labrador / la labradora:** Bauer / Bäuerin. **el tejedor / la tejedora:** Weber(in). **el pastor / la pastora:** Hirte, -in. 7 **el domador / la domadora:** Tierbändiger(in). **el guanaco:** Guanako; wilde, mit dem Lama verwandte, in Südamerika heimische Kamelart. **tutelar** (adj.): schützend, Schutz… 8 **el/la albañil:** Maurer(in). **el andamio:** Baugerüst. **desafiar:** herausfordern. 9 **el aguador / la aguadora:** Wasserträger(in). **andino/a:** Anden… 10 **el joyero / la joyera:** Juwelier(in) (*la joya:* Schmuckstück, Juwel). 11 **la semilla:** Samen. 12 **el alfarero / la alfarera:** Töpfer(in). **la greda:** Kreide, Bleicherde. **derramar:** verschütten, vergießen. 15 **el surco:** Furche. 19 **señalar algo:** etwas zeigen, auf etwas hinweisen.

y la madera en que os crucificaron,
encendedme los viejos pedernales,
las viejas lámparas, los látigos pegados
a través de los siglos en las llagas
y las hachas de brillo ensangrentado.
Yo vengo a hablar por vuestra boca muerta.
A través de la tierra juntad todos
los silenciosos labios derramados
y desde el fondo habladme toda esta larga
noche
como si yo estuviera con vosotros anclado,
contadme todo, cadena a cadena,
eslabón a eslabón, y paso a paso,
afilad los cuchillos que guardasteis,
ponedlos en mi pecho y en mi mano,
como un río de rayos amarillos,
como un río de tigres enterrados,
y dejadme llorar, horas, días, años,
edades ciegas, siglos estelares.

Dadme el silencio, el agua, la esperanza.

Dadme la lucha, el hierro, los volcanes.

1 **crucificar:** kreuzigen. 2 **el pedernal:** Feuerstein. 3 **el látigo:** Peitsche. 4 **la llaga:** Geschwür, Wunde. 5 **el hacha** (f.): Axt. **el brillo:** Glanz. **ensangrentado/a:** mit Blut befleckt, blutüberströmt. 7 **juntar:** versammeln, zusammenbringen. 8 **el labio:** Lippe. 11 **estar anclado/a:** vor Anker liegen (*el ancla*, f.: Anker). 13 **el eslabón:** Bindeglied, Kettenglied. 14 **afilar:** schleifen, schärfen. 16 **el rayo:** Blitz, Strahl. 19 **estelar** (adj.): Stern(en)… 20 **la esperanza:** Hoffnung.

Apegadme los cuerpos como imanes.

Acudid a mis venas y a mi boca.

Hablad por mis palabras y mi sangre.

Canto general

La gran alegría

La sombra que indagué ya no me pertenece.
Yo tengo la alegría duradera del mástil,
la herencia de los bosques, el viento del camino
y un día decidido bajo la luz terrestre.

No escribo para que otros libros me aprisionen
ni para encarnizados aprendices de lirio,
sino para sencillos habitantes que piden
agua y luna, elementos del orden inmutable,
escuelas, pan y vino, guitarras y herramientas.

1 **apegar:** *pegar:* kleben, anheften, befestigen. **el imán:** Magnet. 2 **acudir a algo:** zu etwas greifen, sich einer Sache bedienen. **la vena:** Vene.

6 **la sombra:** Schatten. **indagar:** erforschen, untersuchen. **pertenecer a alg.:** (zu) jdm. gehören. 7 **duradero/a:** dauerhaft, nachhaltig. **el mástil:** Mast, Pfahl. 8 **la herencia:** Erbe. 9 **terrestre:** irdisch, Erd… 10 **aprisionar a alg.:** jdn. festhalten, jdn. in Ketten legen. 11 **encarnizado/a:** erbittert, wütend. **el aprendiz / la aprendiza:** Lehrling. **el lirio:** Lilie. 13 **inmutable:** unveränderlich.

Escribo para el pueblo, aunque no pueda
leer mi poesía con sus ojos rurales.
Vendrá el instante en que una línea, el aire
que removió mi vida, llegará a sus orejas,
y entonces el labriego levantará los ojos,
el minero sonreirá rompiendo piedras,
el palanquero se limpiará la frente,
el pescador verá mejor el brillo
de un pez que palpitando le quemará las manos,
el mecánico, limpio, recién lavado, lleno
de aroma de jabón mirará mis poemas,
y ellos dirán tal vez: «Fue un camarada».

Eso es bastante, ésa es la corona que quiero.

Quiero que a la salida de fábricas y minas
esté mi poesía adherida a la tierra,
al aire, a la victoria del hombre maltratado.
Quiero que un joven halle en la dureza
que construí, con lentitud y con metales,
como una caja, abriéndola, cara a cara, la vida,

2 **rural:** ländlich. 3 **el instante:** Moment, Augenblick. 4 **remover:** aufrühren, aufwühlen. 5 **el labriego / la labriega:** Landwirt(in), Bauer / Bäuerin. 6 **el minero:** Bergarbeiter, Bergmann (*la mina:* Mine, Bergwerk). 7 **el palanquero:** (1) Blasebalgtreter (in der Schmiede); (2, Chil.) Bremser (in der Eisenbahn). 8 **el brillo:** Glanz. 9 **palpitar:** schlagen, pochen, zucken. **quemar:** brennen, verbrennen. 15 **adherir a algo:** auf etwas kleben, an etwas haften; hier (fig.) etwa: mit etwas verbunden sein. 16 **maltratar:** misshandeln, schlecht behandeln. 17 **hallar:** finden, antreffen. **la dureza:** Härte. 18 **la lentitud:** Langsamkeit.

y hundiendo el alma toque las ráfagas que hicieron
mi alegría, en la altura tempestuosa.

Canto general

La United Fruit Co.

Cuando sonó la trompeta, estuvo
todo preparado en la tierra
y Jehová repartió el mundo
a Coca-Cola Inc., Anaconda,
Ford Motors, y otras entidades:
la Compañía Frutera Inc.
se reservó lo más jugoso,
la costa central de mi tierra,
la dulce cintura de América.

1 **hundir:** versenken. **la ráfaga:** (Regen-)Schauer, Windstoß. 3 **tempestuoso/a:** stürmisch.

5 **United Fruit Co.:** 1899 gegründeter US-amerikanischer Nahrungsmittelkonzern, der hauptsächlich in Mittelamerika Bananenanbau in großem Stil betrieb und sich zur Sicherung seiner wirtschaftlichen Interessen auch in die politischen Verhältnisse lateinamerikanischer Staaten einmischte (»Bananen-Republik«). Die United Fruit Company ging 1970 in der United Brands Company auf, heutiger Name: Chiquita Brands International. 8 **repartir:** austeilen, verteilen. 9 **Anaconda:** wahrscheinlich bezieht sich Neruda hier auf die ehemalige große nordamerikanische Anaconda Copper Mining Company. 10 **la entidad:** Entität, Vereinigung, Körperschaft. 12 **jugoso/a:** saftig, substanzreich. 14 **la (dulce) cintura de América:** Bezeichnung für Mittelamerika (*la cintura:* Taille, Gürtel).

Bautizó de nuevo sus tierras
como «Repúblicas Bananas»
y sobre los muertos dormidos,
sobre los héroes inquietos
que conquistaron la grandeza,
la libertad y las banderas,
estableció la ópera bufa:
enajenó los albedríos,
regaló coronas de César,
desenvainó la envidia, atrajo
la dictadura de las moscas,
moscas Trujillo, moscas Tachos,
moscas Carías, moscas Martínez,
moscas Ubico, moscas húmedas
de sangre humilde y mermelada,
moscas borrachas que zumban
sobre las tumbas populares,

1 **bautizar:** taufen. 4 **el héroe / la heroína:** Held(in). **inquieto/a:** unruhig, rastlos. 5 **la grandeza:** Größe. 6 **la bandera:** Fahne. 7 **bufo/a:** komisch, possenhaft. 8 **enajenar:** veräußern, entfremden. **el albedrío:** Willkür, (freier) Wille. 10 **desenvainar** (fig.): an den Tag bringen (*la vaina:* Messerscheide). **atraer:** anziehen. 12 **Trujillo:** Dr. Rafael Leónidas Trujillo Molina (1891–1961); ehem. Diktator der Dominikanischen Republik. **Tachos:** Anastasio »Tacho« Somoza García (1896–1956); ehem. Diktator von Nicaragua. 13 **Carías:** Tiburcio Carías Andino (1876–1969); ehem. Diktator von Honduras. **Martínez:** Maximilliano Hernández Martínez (1882–1966); ehem. Diktator von El Salvador. 14 **Ubico:** Jorge Ubico Castañeda (1879–1946); ehem. Diktator von Guatemala. 15 **humilde:** einfach, bescheiden, unbedeutend. 16 **borracho/a:** betrunken, trunken, berauscht. **zumbar:** brummen, summen. 17 **la tumba:** Grab.

moscas de circo, sabias moscas
entendidas en tiranía.
Entre las moscas sanguinarias
la Frutera desembarca,
arrasando el café y las frutas
en sus barcos que deslizaron
como bandejas el tesoro
de nuestras tierras sumergidas.

Mientras tanto, por los abismos
azucarados de los puertos,
caían indios sepultados
en el vapor de la mañana:
un cuerpo rueda, una cosa
sin nombre, un número caído,
un racimo de fruta muerta
derramada en el pudridero.

Canto general

1 **sabio/a:** weise, klug. 2 **entendido/a en:** bewandert in. **la tiranía:** Tyrannei. 3 **sanguinario/a:** blutrünstig, grausam. 4 **desembarcar:** ausladen, ausschiffen. 5 **arrasar:** hier: bis zum Rand (ein)füllen. 6 **deslizar:** gleiten lassen, schieben. 7 **el tesoro:** Schatz. 8 **sumergir:** versenken, (unter)tauchen, überschwemmen. 9 **el abismo:** Abgrund. 10 **azucarado/a:** gezuckert, süßlich. 11 **sepultar:** begraben. 12 **el vapor:** Dampf, Dunst. 15 **el racimo:** Traube, (Bananen-)Staude. 16 **derramar:** verschütten; hier: wegwerfen. **el pudridero:** Misthaufen, Leichenkammer.

VII

Poetischer Realismus

Als Neruda 1934, nach fast sieben Jahren im Fernen Osten, nach Spanien kam, wurde er von einer Gruppe avantgardistischer Dichter, allen voran von Federico García Lorca, der ihn schon kannte, begeistert empfangen. Er galt als einer der ›ihren‹, das heißt als ein Dichter, dessen Lyrik den Gesetzen gehorchte, die Hugo Friedrich in seinem Buch über die »Struktur der modernen Lyrik« (1956) beschrieben hat und deren Hauptkennzeichen eine eigenwillige Dunkelheit war, die nicht etwa, wie einst die dunkle Dichtung des Barock, durch gelehrtes, vor allem mythologisches Wissen aufgehellt werden konnte. Tatsächlich zählen die Gedichte der ersten beiden Bände von Nerudas *Residencia en la tierra* zum Schwierigsten, was die moderne Dichtung zu bieten hat. Die Schlussverse von »Explico algunas cosas« kündigen dann Nerudas Hinwendung zu einem neuen, ganz anderen Stil an, es sind Kurzzeilen anstelle der meist längeren Verse, die der Dichter früher bevorzugte. Auch wenn die Technik der syntaktisch verschieden ›geschnittenen‹ Wiederholung nur gelegentlich in der späteren Dichtung wiederkehrt, kurze Verse überwiegen doch dort zumeist, vor allem in den drei großen Sammlungen der *Odas elementales*, in denen die Verszeilen manchmal auf ein Wort oder sogar eine Silbe zusammenschrumpfen. Solche Langgedichte in kurzen Zeilen zwingen zu einem langsamen Lesen, bei dem jedes Wort mit Nachdruck betont werden will. Wahrscheinlich ist das der Grund für diese für den späteren Neruda typische Form. Sie geht meistens mit einer leichteren Verständlichkeit einher und sie bewahrt diese auch dann, wenn sie gar nicht mehr politisch motiviert ist, sondern den einfachen Dingen des täglichen Lebens, gewöhnlichen Vorgängen und Menschen gilt. Damit erobert Neruda Bereiche der Wirklichkeit, die bisher der Lyrik verschlossen waren. Er ist zum ›poetische Realisten‹ geworden, für den schlechterdings nichts als unpoetisch gelten kann, was in der Natur und in der Menschenwelt vorkommt. Wenn wir im Engagement eher das Moment erblicken, das diesen Realismus zur Folge gehabt hat, ist es nicht mehr, wie früher, angebracht, von drei Phasen der dichterischen Entwicklung Nerudas zu sprechen, einer apolitischen, dunklen, frühen, einer politischen, nicht mehr dunklen mittleren und einer überwiegend klaren und nicht selten heiteren späten Dichtung, die auch einmal humorvoll und skurril sein kann. Zwar gibt es in Nerudas Schriften auch Äußerungen des Unmuts, was den Realismus betrifft, von dem er in seinen Memoiren einmal sagt, er »widerstehe ihm«, ja, »er hasse ihn, wenn es um Lyrik gehe« (deutsche Fassung 1974, S. 391). Dem stehen jedoch mehrere andere Äußerungen entgegen, so die Selbstbezeichnung als »realistischer Dichter« in der »Ode auf die Möwe« oder, noch entschiedener, die entsprechenden Bekenntnisse im »Discurso de Estocolmo«.

Wenn die Hinwendung zur Wirklichkeit, auch und gerade der gewöhnlichen und alltäglichen, ein Hauptkennzeichen der reifen Lyrik dieses Dichters ist, so darf er erst recht ein Neuerer genannt werden: mit ihm holte die Lyrik nach, was der Roman oder das Theater vorweggenommen hatten, die bereits im 19. Jahrhundert den Weg zum Realismus eingeschlagen hatten. Manches in der ›postmodernen‹ Entwicklung der Gattung spricht dafür, dass diese Deutung nicht abwegig ist. Neruda hätte somit die Strukturen der als modern geltenden Lyrik hinter sich gelassen, die einer Weiterentwicklung im Weg standen, und ein neues Kapitel in der Lyrikgeschichte aufgeschlagen. Das gäbe (wenn es richtig ist) Neruda eine weit über seine südamerikanische Herkunft hinausreichende allgemeine Bedeutung.

Wie sein ›poetischer Realismus‹ aussah, sollen die Gedichte dieses Abschnitts noch deutlicher machen als die zuvor zitierten. Sie gehören zum Typus der »elementaren Oden« auch dann, wenn sie anderen Sammlungen entnommen sind. Die »Ode auf den Elefanten« entstammt der Sammlung *Navegaciones y regresos* und erinnert an Erlebnisse des Fernen Ostens, die »Ode auf die Schildkröte« ist der Sammlung *Las piedras de Chile* entnommen, in der sie wie ersichtlich gut platziert ist, die »Ode auf einen Stern« kann wahrscheinlich verstanden werden als ein beschämtes Bekenntnis zum poetischen Alltagsrealismus, wenn denn der Stern die frühere, metaphysische oder sonstwie wirklichkeitsfremde Dichtung symbolisiert. Sie aus dem Gesamtzusammenhang von Nerudas Dichtung zu deuten, bietet sich jedenfalls an. Dann wäre schon diese Ode ein ›poetologisches Gedicht‹, so wie es, erst recht scherzhaft-humorvoll, die »Ode auf die Faulheit« ist, ein Gedicht, das aus einer Erzählung, wie es nicht entstehen wollte, zum Gedicht wird.

Mi primer poema

Ahora voy a contarles alguna historia de pájaros. En el lago Budi perseguían a los cisnes con ferocidad. Se acercaban a ellos sigilosamente en los botes y luego rápido, rápido remaban … Los cisnes, como los albatros, emprenden difícilmente el vuelo, deben correr patinando sobre el agua. Levantan con dificultad sus grandes alas. Los alcanzaban y a garrotazos terminaban con ellos.

Me trajeron un cisne medio muerto. Era una de esas maravillosas aves que no he vuelto a ver en el mundo, el cisne cuello negro. Una nave de nieve con el esbelto cuello como metido en una estrecha media de seda negra. El pico anaranjado y los ojos rojos.

Esto fue cerca del mar, en Puerto Saavedra, Imperial del Sur.

Me lo entregaron casi muerto. Bañé sus heridas y le empujé pedacitos de pan y de pescado a la garganta.

3 **el lago Budi:** der salzhaltige Budisee in der südchilenischen Provinz Araukanien. **el cisne:** Schwan. **la ferocidad:** Wildheit, Grausamkeit. 4 **acercarse a alg.:** sich jdm. nähern. **sigilosamente:** verschwiegen, geheim; hier: verstohlen, verdeckt. 5 **remar:** rudern. 6 **emprender el vuelo:** abfliegen, losfliegen (*emprender:* angehen, in Angriff nehmen). 7 **patinar:** schlittern. 8 **alcanzar:** erreichen, einholen. **el garrotazo:** Schlag mit dem Knüppel. 11 **el ave** (f.): Vogel. 12 **la nave:** Schiff. 13 **esbelto/a:** schlank, anmutig. 14 **la seda:** Seide. **anaranjado/a:** orange(farben). 15 **Puerto Saavedra:** Hafenstadt in der Provinz Araukanien. 15 f. **la Imperial:** hier: Name eines Flusses in Araukanien (*imperial:* kaiserlich, Kaiser…). 18 **empujar:** stoßen, schieben. **el pedacito** (dim.): *el pedazo.* **la garganta:** Kehle, Hals.

Todo lo devolvía. Sin embargo, fue reponiéndose de sus lastimaduras, comenzó a comprender que yo era su amigo. Y yo comencé a comprender que la nostalgia lo mataba. Entonces, cargando el pesado pájaro en mis brazos por las calles, lo llevaba al río. Él nadaba un poco, cerca de mí. Yo quería que pescara y le indicaba las piedrecitas del fondo, las arenas por donde se deslizaban los plateados peces del sur. Pero él miraba con ojos tristes la distancia.

Así cada día, por más de veinte, lo llevé al río y lo traje a mi casa. El cisne era casi tan grande como yo. Una tarde estuvo más ensimismado, nadó cerca de mí, pero no se distrajo con las musarañas con que yo quería enseñarle de nuevo a pescar. Se estuvo muy quieto y lo tomé de nuevo en brazos para llevármelo a casa. Entonces, cuando lo tenía a la altura de mi pecho, sentí que se desenrollaba una cinta, algo como un brazo negro me rozaba la cara. Era su largo y ondulante cuello que caía. Así aprendí que los cisnes no cantan cuando mueren.

Confieso que he vivido

1 **devolver algo:** etwas wiedergeben; hier (fig.): etwas erbrechen. **sin embargo:** trotzdem, dennoch. **reponerse:** sich erholen. 2 **la lastimadura:** Verletzung. 3f. **la nostalgia:** Heimweh, Sehnsucht. 7 **indicar algo:** auf etwas hinweisen, etwas zeigen. **la piedrecita** (dim.): *la piedra.* **el fondo:** Boden, Grund. 9 **deslizarse:** (dahin)gleiten. 12 **ensimismado/a:** in Gedanken vertieft, geistesabwesend. 13 **distraerse:** sich vergnügen, sich ablenken, sich zerstreuen. **la musaraña:** Spitzmaus; hier (fig.): kleines Insekt, kleines Tier. 17 **desenrollarse:** sich loswickeln, sich abrollen. **la cinta:** Streifen, Band. 18 **rozar:** streifen, leicht berühren. 18f. **ondulante:** wellend, wellenformend. 19f. **los cisnes no cantan cuando mueren:** Neruda bezieht sich hier auf den Mythos, dass ein Schwan vor seinem Tod ein Klagelied ertönen lässt.

Oda a la gaviota

A la gaviota
sobre
los pinares
de la costa,
en el viento
la sílaba
silbante de mi oda.

Navega,
barca lúcida,
bandera de dos alas,
en mi verso,
cuerpo de plata,
sube
tu insignia atravesada
en la camisa
del firmamento frío,
oh voladora,
suave
serenata del vuelo,
flecha de nieve, nave
tranquila en la tormenta transparente

1 **la gaviota:** Möwe. 4 **el pinar:** Kiefernwald, Pinienwald. 7 **la sílaba:** Silbe. 8 **silbar:** heulen, pfeifen. 10 **lúcido/a:** klar, hell. 11 **la bandera:** Fahne. 15 **la insignia:** Ehrenzeichen, Flagge. **atravesar:** überqueren, durchqueren. 18 **volador, -ora** (adj.): fliegend. 21 **la flecha:** Pfeil. **la nave:** Schiff. 22 **la tormenta:** Unwetter, Sturm.

elevas tu equilibrio
mientras
el ronco viento barre
las praderas del cielo.

Después del largo viaje,
tú, magnolia emplumada,
triángulo sostenido
por el aire en la altura,
con lentitud regresas
a tu forma
cerrando
tu plateada vestidura,
ovalando tu nítido tesoro,
volviendo a ser
botón blanco del vuelo,
germen
redondo,
huevo de la hermosura.

Otro poeta
aquí
terminaría
su victoriosa oda.

1 **elevar:** heben, erhöhen. **el equilibrio:** Gleichgewicht. 3 **ronco/a:** heiser, rau. 4 **la pradera:** große Wiese, Grasland. 6 **emplumado/a:** gefiedert. 7 **sostener:** halten, tragen. 9 **la lentitud:** Langsamkeit, Trägheit. 12 **la vestidura:** Kleid, Gewand. 13 **ovalar:** oval machen. **nítido/a:** klar, rein. **el tesoro:** Schatz. 16 **el germen:** Ursprung, Keim. 17 **redondo/a:** rund. 22 **victorioso/a:** siegreich.

Yo no puedo
permitirme
sólo
el lujo blanco
de la inútil espuma.
Perdóname,
gaviota,
soy
poeta
realista,
fotógrafo del cielo.
Comes,
comes,
comes,
no hay
nada que no devores,
sobre el agua del puerto
ladras
como perro de pobre,
corres
detrás del último
pedazo de intestino
de pescado,
picoteas
a tus hermanas blancas,
robas
la despreciable presa,

4 **el lujo:** Luxus, Pracht. 5 **la espuma:** Schaum, Gischt. 16 **devorar:** verschlingen. 18 **ladrar:** bellen, kläffen. 22 **el intestino:** Darm, Eingeweide (meistens Plural). 24 **picotear:** picken. 27 **despreciable:** verwerflich, verächtlich. **la presa:** Beute.

el desarmado cúmulo
de basura marina,
acechas los
tomates
decaídos,
las descartadas
sobras de la caleta.
Pero
todo
lo transformas
en ala limpia,
en blanca geometría,
en la estática línea de tu vuelo.

Por eso,
ancla nevada,
voladora,
te celebro completa:
con tu voracidad abrumadora,
con tu grito en la lluvia
o tu descanso
de copo desprendido
a la tormenta,
con tu paz o tu vuelo,

1 **desarmar:** hier: auseinandernehmen, zerlegen. **el cúmulo:** Haufen, Menge. 3 **acechar:** belauern, abpassen. 5 **decaer:** verfallen; hier: verfaulen. 6 **descartar:** ausschließen, beseitigen; hier: wegwerfen. 7 **la caleta:** (1) kleine Bucht; (2, Am.) Küstenboot. 13 **estático/a:** statisch, unbewegt. 15 **el ancla** (f.): Anker. 18 **la voracidad:** Gefräßigkeit. **abrumador, -ora:** bedrückend, überwältigend. 20 **el descanso:** Ausruhen, Ruhe. 21 **el copo:** Flocke. **desprender:** loslösen.

gaviota,
te consagro
mi palabra terrestre,
torpe ensayo de vuelo,
a ver si tú desgranas
tu semilla de pájaro en mi oda.

Nuevas odas elementales

Oda a un albatros viajero

Un gran albatros
gris
murió aquel día.
Aquí cayó
en las húmedas
arenas.
          En este
mes
opaco, en
este día
de otoño plateado
y lloviznero,

2 **consagrar algo a alg.:** jdm. etwas widmen, jdm. etwas opfern. 3 **terrestre:** irdisch. 4 **torpe:** schwerfällig, ungeschickt. **el ensayo:** Probe, Versuch. 5 **desgranar:** entkörnen, aushülsen. 6 **la semilla:** Samen, Samenkorn.

8 **viajero/a:** hier (adj.): reisend, Reise…, Wander… 17 **opaco/a:** matt, düster. 20 **lloviznero/a:** Niesel… (*la llovizna:* Sprühregen, Nieselregen).

parecido
a una red
con peces fríos
y agua
de mar.
        Aquí
cayó
muriendo
el ave magna.

Era
en
la muerte
como una cruz negra.
De punta a punta de ala
tres metros de plumaje
y la cabeza curva
como un gancho
con los ojos ciclónicos
cerrados.

Desde Nueva Zelandia
cruzó todo el océano
hasta
morir en Chile.

2 **la red:** Netz. 9 **el ave** (f.): Vogel. **magno/a:** groß(artig), bedeutend, erhaben. 15 **el plumaje:** Gefieder. 16 **curvo/a:** krumm, gebogen. 17 **el gancho:** Haken. 18 **ciclónico/a:** Zyklon…, Wirbelsturm…, Sturm… 20 **Nueva Zelandia:** Neuseeland.

Por qué? Por qué? Qué sal,
qué ola, qué viento
buscó en el mar?
Qué levantó su fuerza
contra todo
el espacio?
Por qué su poderío
se probó en las más duras
soledades?
O fue su meta
la magnética rosa
de una estrella?
Nadie
podrá saberlo, ni decirlo.
El océano en este
ancho sendero
no tiene
isla ninguna,
y el albatros errante
en la interplanetaria
parábola
del victorioso vuelo
no encontró sino días,
noches, agua,
soledades,
espacio.

6 **el espacio:** Raum, Strecke. 7 **el poderío:** Macht, Kraft. 9 **la soledad:** Einsamkeit. 10 **la meta:** Ziel. 11 **la rosa:** Rose, Rosette; hier etwa: rosettenförmiger Schweif. 16 **el sendero:** Pfad, Weg. 19 **errante:** umherschweifend, umherirrend. 21 **la parábola:** hier ist die geometrische Figur gemeint. 22 **victorioso/a:** siegreich.

Él, con sus alas, era
la energía,
la dirección, los ojos
que vencieron
sol y sombra:
el ave
resbalaba en el cielo
hacia
la más
lejana
tierra
desconocida.

Pájaro extenso, inmóvil
parecías
volando
entre los continentes
sobre mares perdidos,
un solo
temblor de ala,
un ágil
golpe de campana y pluma:
así cambiaba apenas
tu majestad el rumbo
y triunfante seguías

5 **la sombra:** Schatten, Dunkelheit. 7 **resbalar:** (aus)rutschen, gleiten. 12 **desconocido/a:** unbekannt. 13 **extenso/a:** weit, ausgedehnt; hier (fig.): mit großer Spannweite (*la extensión:* Ausdehnung, Umfang). **inmóvil:** unbeweglich. 19 **el temblor:** Zittern. 20 **ágil:** flink, gewandt. 21 **el golpe de campana:** hier (fig.): Flügelschlag (*la campana:* Glocke). 23 **el rumbo:** Richtung, Kurs.

fiel en el implacable,
desierto
derrotero.
Hermoso eras girando
apenas
entre la ola y el aire,
sumergiendo la punta
de tu ala en el océano
o sentándote en medio
de la extensión marina
con las alas cerradas como un cofre
de secretas alhajas,
balanceado
por las
solitarias
espumas
como una profecía
muda
en el movimiento de los salmos.

Ave albatros, perdón,
dije, en silencio,
cuando lo vi extendido,
agarrotado

1 **implacable:** unversöhnlich, unerbitterlich. 2 **desierto/a:** leer, verlassen, öde. 3 **el derrotero:** Kurs, Weg. 4 **girar:** sich drehen, kreisen. 7 **sumergir:** untertauchen, eintauchen. 11 **el cofre:** Koffer, Truhe. 12 **la alhaja:** Juwel. 13 **balancear:** schaukeln, wiegen. 15 **solitario/a:** einsam, einsiedlerisch. 16 **la espuma:** Schaum, Gischt. 17 **la profecía:** Prophezeiung, Weissagung. 18 **mudo/a:** stumm. 19 **el salmo:** Psalm. 23 **agarrotarse:** erstarren, steif werden.

en la arena, después
de la inmensa
travesía.
Héroe, le dije, nadie
levantará sobre la tierra
en una
plaza de pueblo
tu arrobadora
estatua,
nadie.

Allí tendrán en medio
de los tristes laureles
oficiales
al hombre de bigotes
con levita o espada,
al que mató
en la guerra
a la aldeana,
al que con un solo
obús sangriento
hizo polvo
una escuela
de muchachas,
al que usurpó

2 **inmenso/a:** unermesslich, immens. 3 **la travesía:** Flugreise, Überfahrt; hier etwa: Überquerung. 8 **arrobador, -ora:** entzückend, bezaubernd. 12 **el laurel:** Lorbeer(baum). 15 **la levita:** Überrock, Gehrock. 18 **el aldeano / la aldeana:** Dorfbewohner(in). 20 **el obús:** (Mörser-)Granate. **sangriento/a:** blutig, blutgierig. 21 **hacer polvo** (fam.): kaputtmachen, zerstören. 24 **usurpar:** (widerrechtlich) an sich reißen, usurpieren.

las tierras
de los indios,
o al cazador
de palomas, al
exterminador
de cisnes negros.

Sí,
no esperes,
dije
al rey del viento,
al ave de los mares,
no esperes
un túmulo
erigido
a tu proeza,
y mientras
tétricos ciudadanos
congregados en torno a tus despojos
te arrancaban
una pluma, es decir,
un pétalo, un mensaje
huracanado,
yo me alejé

5 **el exterminador / la exterminadora:** Vernichter(in). 6 **el cisne:** Schwan. 13 **el túmulo:** Grabhügel, Grabmal. 14 **erigir:** errichten. 15 **la proeza:** Heldentat. 17 **tétrico/a:** düster, trübsinnig. 18 **congregarse:** sich versammeln, zusammenkommen. **en torno a:** um … herum. **los despojos** (pl.): Überreste. 19 **arrancar:** (her)ausreißen. 20 **es decir:** das heißt. 21 **el pétalo:** Blütenblatt. 22 **huracanado/a:** orkanartig. 23 **alejarse:** sich entfernen.

para que,
por lo menos,
tu recuerdo,
sin piedra, sin estatua,
en estos versos vuele
por vez postrera contra
la distancia
y quede así cerca del mar tu vuelo.

Oh, capitán oscuro,
derrotado en mi patria,
ojalá que tus alas
orgullosas
sigan volando sobre
la ola final, la ola de la muerte.

Tercer libro de las odas

Oda al elefante

Espesa bestia pura,
San Elefante,
animal santo
del bosque sempiterno,
todo materia fuerte,

6 **por vez postrera:** zum letzten Mal (*postrero/a:* letzte[r, s]). 10 **derrotado/a:** besiegt, geschlagen. 12 **orgulloso/a:** stolz.

17 **espeso/a:** dick. 20 **sempiterno/a:** immerwährend, ewig.

fina
y equilibrada,
cuero
de
talabartería planetaria,
marfil
compacto, satinado,
sereno
como
la carne de la luna,
ojos mínimos
para mirar, no para ser mirados,
y trompa
tocadora,
corneta
del contacto,
manguera
del
animal
gozoso
en
su
frescura,
máquina movediza,
teléfono del bosque,

2 **equilibrado/a:** ausgeglichen, ausgewogen. 5 **la talabartería:** Sattlerei. 6 **el marfil:** Elfenbein. 7 **satinado/a:** satiniert. 8 **sereno/a:** ruhig, gelassen. 13 **la trompa:** Rüssel. 14 **el tocador / la tocadora:** Spieler(in) (eines Instruments). 15 **la corneta:** Horn, Signalhorn. 17 **la manguera:** Schlauch. 20 **gozoso/a:** fröhlich, vergnügt. 23 **la frescura:** Kühle, Frische. 24 **movedizo/a:** beweglich.

y así
pasa tranquilo
y bamboleante
con su vieja envoltura,
con su ropaje
de árbol arrugado,
su pantalón
caído
y su colita.

No nos equivoquemos.
La dulce y grande bestia de la selva
no es el *clown*,
sino el padre,
el padre en la luz verde,
es el antiguo
y puro
progenitor terrestre.

Total fecundación,
tantálica
codicia,
fornicación

3 **bamboleante:** (herab)baumelnd. 4 **la envoltura:** Umhüllung, Mantel; hier (fig.): Haut. 5 **el ropaje:** Kleidung, Robe. 6 **arrugado/a:** zerknittert, faltig. 9 **la colita** (dim.): Schwänzchen. 17 **el progenitor / la progenitora:** Erzeuger(in), direkter Vorfahre / direkte Vorfahrin. **terrestre:** irdisch. 18 **la fecundación:** Befruchtung. 19 **tantálico/a:** etwa: unersättlich (*el tántalo:* Nimmersatt [Vogel]). 20 **la codicia:** Habsucht, Gier. 21 **la fornicación:** Geschlechtsverkehr.

y piel
mayoritaria,
costumbres
en la lluvia
rodearon
el reino
de los elefantes,
y fue
con sal
y sangre
la genérica guerra
en el silencio.

Las escamosas formas,
el lagarto león,
el pez montaña,
el milodonto cíclope,
cayeron,
decayeron,
fueron fermento verde en el pantano,
tesoro
de las tórridas moscas,
de escarabajos crueles.

1f. **la piel mayoritaria:** etwa: ein Maximum an Haut (*mayoritario/a:* Mehrheits…). 5 **rodear:** einkreisen, umgeben. 11 **genérico/a:** generisch, Gattungs… 13 **escamoso/a:** schuppig. 14 **el lagarto:** Eidechse. 16 **el milodonto:** *el milodón:* Mylodon (in der Urzeit ausgestorbenes südamerikanisches Riesenfaultier). **cíclope** (fig.): einäugig (*el cíclope:* Zyklop, Riese mit einem Auge aus der griechischen Mythologie). 18 **decaer:** abnehmen, schwinden, verfallen. 19 **el fermento:** Gärmittel. **el pantano:** Moor, Sumpf. 20 **el tesoro:** Schatz. 21 **tórrido/a** (elev.): heiß. 22 **el escarabajo:** Käfer.

Emergió el elefante
del miedo destronado.
Fue casi vegetal, oscura torre
del firmamento verde,
y de hojas dulces, miel
y agua de roca
se alimentó su estirpe.

Iba pues por la selva
el elefante con su paz profunda.
Iba condecorado
por
las órdenes más claras
del rocío,
sensible
a la
humedad
de su universo,
enorme, triste y tierno
hasta que lo encontraron
y lo hicieron
bestia de circo envuelta
por el olor humano,
sin aire para su intranquila trompa,
sin tierra para sus terrestres patas.

1 **emerger:** auftauchen. 2 **destronar:** absetzen, entthronen. 3 **vegetal:** pflanzlich. 6 **la roca:** Gestein, Felsen. 7 **el estirpe:** Abstammung, Herkunft. 10 **condecorar:** dekorieren, auszeichnen. 13 **el rocío:** Tau, Sprühregen. 18 **tierno/a:** zart, sanft. 21 **el circo:** Zirkus. **envolver:** einpacken, einhüllen. 23 **intranquilo/a:** unruhig.

Lo vi entrar aquel día,
y lo recuerdo como a un moribundo,
lo vi entrar al Kraal, al perseguido.
Fue en Ceylán, en la selva.
Los tambores,
el fuego,
habían desviado
su ruta de rocío,
y allí fue rodeado.
Entre el aullido y el silencio entró
como un inmenso rey. No comprendía.
Su reino era una cárcel, sin embargo
era el sol como siempre, palpitaba
la luz libre, seguía verde el mundo,
con lentitud tocó la empalizada,
no las lanzas, y a mí,
a mí entre todos,
no sé, tal vez no pudo ser, no ha sido,
pero a mí me miró
con sus ojos secretos
y aún me duelen
los ojos

2 **el moribundo / la moribunda:** Sterbende(r). 3 **el Kraal:** eingezäuntes Gelände in Sri Lanka, auf dem wilde Elefanten zusammengetrieben werden, um sie zu zähmen und auszubilden. 4 **Ceylán:** *Ceilán:* Ceylon (Sri Lanka). 5 **el tambor:** Trommel. 7 **desviar:** umleiten, umlenken. 10 **el aullido:** Heulen, Geheul. 11 **inmenso/a:** unermesslich, immens. 12 **sin embargo:** dennoch, trotzdem. 13 **palpitar:** pochen, zucken; hier (fig.): vibrieren. 15 **la lentitud:** Langsamkeit. **la empalizada:** Zaun, Palisade. 16 **la lanza:** Lanze, Speer. 18 **tal vez:** vielleicht.

de aquel encarcelado,
de aquel inmenso rey preso en su selva.

Por eso hoy rememoro tu mirada,
elefante perdido
entre las duras lanzas
y las hojas
y en tu honor, bestia pura,
levanto los collares
de mi oda
para que te pasees
por el mundo
con mi infiel poesía
que entonces no podía defenderte,
pero que ahora
junta
en el recuerdo
la empalizada en donde aprisionaron
el honor animal de tu estatura
y aquellos dulces ojos de elefante
que allí perdieron todo lo que habían amado.

Navegaciones y regresos

1 **el encarcelado / la encarcelada:** Gefangene(r). 3 **rememorar algo:** sich an etwas erinnern. 12 **infiel:** untreu; hier (fig.): ungenau, nicht getreu. 15 **juntar:** verbinden, versammeln, vereinigen. 17 **aprisionar:** einsperren.

La tortuga

La tortuga que
anduvo
tanto tiempo
y tanto vio
con
sus
antiguos
ojos,
la tortuga
que comió
aceitunas
del más profundo
mar,
la tortuga que nadó
siete siglos
y conoció
siete
mil
primaveras,
la tortuga
blindada
contra
el calor
y el frío,
contra

1 **la tortuga:** Schildkröte. 12 **la aceituna:** Olive; hier (fig.): Frucht.
22 **blindado/a:** gepanzert.

los rayos y las olas,
la tortuga
amarilla
y plateada,
con severos
lunares
ambarinos
y pies de rapiña,
la tortuga
se quedó
aquí
durmiendo,
y no lo sabe.

De tan vieja
se fue
poniendo dura,
dejó
de amar las olas
y fue rígida
como una plancha de planchar.

Cerró
los ojos que
tanto
mar, cielo, tiempo y tierra

1 **el rayo:** Blitz, Strahl; hier: Sonnenstrahl. 5 **severo/a:** streng; hier: hart. 6 **el lunar:** Muttermal, Fleck, Tupfen. 7 **ambarino/a:** bernsteinartig, bernsteinfarben. 8 **los pies de rapiña:** etwa: Raubtierfüße (*el animal de rapiña:* Raubtier). 19 **rígido/a:** steif, starr. 20 **la plancha:** Platte, Bügeleisen (*planchar:* bügeln).

desafiaron,
y se durmió
entre las otras
piedras.
Las piedras de Chile

Oda a una estrella

Asomado a la noche
en la terraza
de un rascacielos altísimo y amargo
pude tocar la bóveda nocturna
y en un acto de amor extraordinario
me apoderé de una celeste estrella.

Negra estaba la noche
y yo me deslizaba
por la calle
com la estrella robada en el bolsillo.
De cristal tembloroso
parecía
y era

1 **desafiar a alg.:** jdn. herausfordern, jdm. die Stirn bieten.

7 **asomarse:** sich zeigen, erscheinen. 9 **el rascacielos:** Wolkenkratzer. **amargo/a:** bitter; hier etwa: trübe, bedrückend. 10 **la bóveda:** Gewölbe; hier: Himmelsgewölbe. **nocturno/a:** nächtlich, Nacht… 12 **apoderarse de algo:** sich einer Sache bemächtigen. **celeste:** himmlisch, Himmels… 14 **deslizarse:** gleiten. 17 **tembloroso/a:** zittrig.

de pronto
como si llevara
un paquete de hielo
o una espada de arcángel en el cinto.

La guardé
temeroso
debajo de la cama
para que no la descubriera nadie,
pero su luz
atravesó
primero
la lana del colchón,
luego
las tejas,
el techo de mi casa.

Incómodos
se hicieron
para mí
los más privados menesteres.

Siempre con esa luz
de astral acetileno
que palpitaba corno si quisiera

4 **la espada:** Schwert. **el arcángel:** Erzengel. **el cinto:** Gürtel. 5 **guardar:** (auf)bewahren. 6 **temeroso/a:** ängstlich. 12 **el colchón:** Matratze. 14 **la teja:** Ziegel. 15 **el techo:** Dach. 16 **incómodo/a:** unbequem, unbehaglich, beschwerlich. 19 **los menesteres** (pl.): Obliegenheiten, Pflichten. 21 **astral:** Sternen… **el acetileno:** Azetylen, Ethin, farbloses Brenngas. 22 **palpitar:** zucken, pochen.

regresar a la noche,
yo no podía
preocuparme de todos
mis deberes
y así fue que olvidé pagar mis cuentas
y me quedé sin pan ni provisiones.

Mientras tanto, en la calle,
se amotinaban
transeúntes, mundanos
vendedores
atraídos sin duda
por el fulgor insólito
que veían salir de mi ventana.

Entonces
recogí
otra vez mi estrella,
con cuidado
la envolví en mi pañuelo
y enmascarado entre la muchedumbre
pude pasar sin ser reconocido.
Me dirigí al oeste,
al río Verde,

4 **los deberes** (pl.): Pflichten, Aufgaben. 6 **la provisión:** Reserve, Vorrat. 8 **amotinarse:** meutern. 9 **el/la transeúnte:** Passant(in), Fußgänger(in). **mundano/a:** weltlich, Welt… 11 **atraer:** anziehen. 12 **el fulgor:** Strahlen, Funkeln, Glanz. **insólito/a:** ungewöhnlich, außergewöhnlich. 18 **envolver:** einpacken, einhüllen. 19 **enmascararse:** sich verkleiden, sich tarnen. **la muchedumbre:** (Menschen-)Menge. 22 **río Verde:** Fluss und gleichnamige Stadt in der südchilenischen Region Magallanes.

que allí bajo los sauces
es sereno.

Tomé la estrella de la noche fría
y suavemente
la eché sobre las aguas.

Y no me sorprendió
que se alejara
como un pez insoluble
moviendo
en la noche del río
su cuerpo de diamante.

Tercer libro de las odas

Oda a la pereza

Ayer sentí que la oda
no subía del suelo.
Era hora, debía
por lo menos
mostrar una hoja verde.
Rasqué la tierra: «Sube,
hermana oda
– le dije –,
te tengo prometida,

1 **el sauce:** Weide (Baum). 2 **sereno/a:** heiter, ruhig. 7 **alejarse:** sich entfernen. 8 **insoluble:** unlöslich.

13 **la pereza:** Trägheit, Faulheit. 19 **rascar:** kratzen.

no me tengas miedo,
no voy a triturarte,
oda de cuatro hojas,
oda de cuatro manos,
tomarás té conmigo.
Sube,
te voy a coronar entre las odas,
saldremos juntos, por la orilla
del mar, en bicicleta».
Fue inútil.

Entonces,
en lo alto de los pinos,
la pereza
apareció desnuda,
me llevó deslumbrado
y soñoliento,
me descubrió en la arena
pequeños trozos rotos
de substancias oceánicas,
maderas, algas, piedras,
plumas de aves marinas.
Busqué sin encontrar
ágatas amarillas.

El mar
llenaba los espacios

2 **triturar:** zerquetschen, vernichten. 7 **coronar:** krönen. 14 **aparecer:** erscheinen. 15 **deslumbrado/a:** geblendet. 16 **soñoliento/a:** schläfrig, müde, benommen. 21 **el ave** (f.): Vogel. 23 **el ágata** (f.): Achat. 25 **el espacio:** Raum, Fläche.

desmoronando torres,
invadiendo
las costas de mi patria,
avanzando
sucesivas catástrofes de espuma.
Sola en la arena
abría un rayo
una corola.
Vi cruzar los petreles plateados
y como cruces negras
los cormoranes
clavados en las rocas.
Liberté una abeja
que agonizaba en un velo de araña,
metí una piedrecita
en un bolsillo,
era suave, suavísima
como un pecho de pájaro,
mientras tanto en la costa,
toda la tarde,
lucharon sol y niebla.
A veces
la niebla se impregnaba

1 **desmoronar:** zerbröckeln, einstürzen lassen. 2 **invadir:** überfallen, heimsuchen, überfluten. 4 **avanzar:** hier: vorsetzen (einen Fuß). 5 **sucesivo/a:** (aufeinander) folgend. **la espuma:** Schaum, Gischt. 7 **el rayo:** Blitz, Strahl; hier: Sonnenstrahl. 8 **la corola:** Korolla, Blütenkrone. 9 **el petrel:** Sturmvogel. 12 **clavar:** annageln, fixieren. **la roca:** Gestein, Felsen. 13 **libertar:** befreien. **la abeja:** Biene. 14 **agonizar:** im Sterben liegen, mit dem Tode ringen. **el velo:** Schleier; hier: Netz. 15 **la piedrecita** (dim.): *la piedra*. 23 **impregnarse de algo:** sich mit etwas vollsaugen.

de luz
como un topacio,
otras veces caía
un rayo de sol húmedo
dejando caer gotas amarillas.

En la noche,
pensando en los deberes de mi oda
fugitiva,
me saqué los zapatos
junto al fuego,
resbaló arena de ellos
y pronto fui quedándome
dormido.

Odas elementales

2 **el topacio:** Topas. 7 **los deberes** (pl.): Pflichten, Aufgaben. 8 **fugitivo/a:** vergänglich, flüchtig. 11 **resbalar:** rutschen, gleiten.

VIII

Nerudas Poetik

Nach der Praxis – die Theorie! »El hombre invisible« ist das Eingangsgedicht zu den *Odas elementales.* Es stellt so etwas wie eine Absage an den poetischen Egoismus (oder auch ein Bekenntnis zum poetischen Altruismus) dar und bedarf insofern keiner weiteren Erläuterung. Der engagierte Dichter hat sich zum »poeta realista« weiterentwickelt: das bezeugt dieses lange, aber für Neruda sehr bezeichnende Gedicht. Es lag ihm, sich in Gedichtform über sein Dichten auszulassen. »Me niego de masticar teorías« stellt das Vorwort zu einer portugiesischen Übersetzung seiner Gedichte dar: das war in Prosa zu schreiben. Hinzuzunehmen ist der »Discurso de Estocolmo«, das heißt die Rede, die Neruda 1971 in Stockholm anlässlich der Verleihung des Literaturnobelpreises hielt. Da findet sich das Bekenntnis zum ›poetischen Realismus‹, von dem schon die Rede war. Wenn Neruda bei der Gelegenheit die Wendung »El poeta es un pequeño dios« anführt, so verschweigt er, dass das ein Zitat aus einem Gedicht seines Freundfeindes Vicente Huidobro ist (»Arte poética«). Huidobro wollte damit freilich nicht sagen, wie Neruda ihm unterstellt, dass der Dichter über alles gewöhnliche Menschentum wie »ein kleiner Gott« erhaben ist, er wollte vielmehr das Konzept des »Creacionismo« damit erläutern, das er entwickelt hatte: da erscheint der Dichter als Schöpfer einer Eigenwelt, sozusagen in Analogie zu der von Gott geschaffenen, also nicht als Verfertiger eines Abklatsches der Schöpfung. Die Nobelpreisrede beginnt mit einem längeren Bericht über Nerudas Flucht von Chile über die Anden nach Argentinien, die hier weggelassen werden konnte. Man mag sie im Original nachlesen, das verschiedentlich, zum Beispiel in der Auswahl der *Letzten Gedichte* bei Luchterhand 1975 (da allerdings nur auf Deutsch) wiedergegeben wurde.

Glaubte man den Texten dieses Abschnitts, schiene es nachgerade unsinnig, bei Neruda von literarischen Beeinflussungen zu reden. Ganz so ist es freilich nicht. Er war nicht nur ein guter Beobachter der Wirklichkeit, sondern auch ein großer Leser und hat sich verschiedentlich über seine Lektüren geäußert. Eine seiner frühen Gedichtsammlungen, *El hondero entusiasta*, hatte er – wahrscheinlich unbewusst – einem uruguayischen Dichter, Sabat Ercasty, nachgebildet und sich dessen geschämt, als er es merkte. In *Confieso que he vivido* ist nicht nur von Nerudas Proustlektüre die Rede, da erzählt er auch, wie er einmal Romain Rollands *Jean-Christophe* las und im Anschluss daran das »Lied der Verzweiflung« aus den *Zwanzig Liebesgedichten* schrieb. Und dann hat Neruda sich öfter zu Rimbaud und Lautréamont sowie insbesondere zu Walt Whitman als poetischen Vorbildern bekannt, um von den bewunderten Freunden, vornean García Lorca, nicht zu reden: all das gilt es nicht zu vergessen, wenn man Nerudas Werk ›literarhistorisch einordnen‹ will. Aber diese ›Einflüsse‹ sind doch immer nur Anreger zur, oder Auslöser der eigenen Dichtung gewesen, die der eigenen Erfahrung, dem Selbst-Erlebten und Beobachteten, ungleich mehr verdankte als allem Gelesenen. Von daher hat es auch wenig Sinn, Neruda irgendwelchen literarischen Schulen oder Richtungen – etwa dem Surrealismus – zuzuordnen, wie das nicht selten geschieht.

Dass sein politisches und soziales Engagement, übrigens natürlich auch sein chilenischer Patriotismus und das Bewusstsein, ein Sprecher Lateinamerikas zu sein,

Neruda in seiner dichterischen Produktion nicht gehemmt, sondern erst recht fruchtbar gemacht hat, wurde schon gesagt. Das heißt auch, dass die offizielle kommunistische Doktrin des »sozialistischen Realismus« auf den Chilenen gar nicht anwendbar ist. Dazu wurde oben schon etwas gesagt. Hier wäre allenfalls auf so etwas wie eine ›Krise des Engagements‹ hinzuweisen, die Neruda – es ist schwer zu sagen, wann genau – durchlebt hat. Man braucht bloß die ersten Verse der Sammlung *Estravagario* (von 1958) zu lesen, um zu erkennen, dass der Dichter zumindest unter den Belästigungen, die seine Parteimitgliedschaft mit sich brachte, gelitten hat. »Ich bitte um Stille« ist das Gedicht überschrieben, und der erste Vers lautet: »Jetzt sollen sie mich in Ruhe lassen«! Etwas später kam es dann auch zu einem Bruch mit Fidel Castro, über dessen Marsch auf Kuba Neruda eine Gedichtsammlung verfasst hat, *Canción de gesta*, die er aus Verärgerung nicht in seine *Gesammelten Werke* aufnehmen ließ. Die kubanischen Genossen hatten ihm verübelt, dass er zu einer Lesung in die USA gefahren war, wohin ihn der PEN-Club eingeladen hatte. Und dann distanzierte Neruda sich von Stalin, empörte sich über den Einmarsch der Sowjets nach Ungarn und in die Tschechoslowakei. ›Fleckenlos‹ ist also die Parteizugehörigkeit Nerudas nicht gewesen, so sehr ihm die Sache des Sozialismus zeitlebens am Herzen lag und so herzerwärmend die Freundschaften mit den chilenischen Kommunisten für ihn waren. Man muss die Rolle des Kommunismus in Nerudas Poetik richtig sehen: sie hat ihr Gutes und ihr Bedenkliches gehabt – und den Dichter nicht davon abgehalten, einen Großteil seiner Lyrik davon unberührt sein zu lassen. Sein Gewissen verpflichtete ihn zur Bindung, aber die Freiheit brauchte er für seinen Gesang. ›Freiheitlich‹ ist Nerudas Lyrik ja auch formal: fast nirgends (außer in einigen wenigen frühen Gedichten)

Reime, keine silbenzählende Metrik, lauter ›Freiverse‹, die manchmal nur optisch, nur drucktechnisch von Nerudas Prosa zu unterscheiden sind. Und – aber das versteht sich nachgerade von selbst –, der Briefträger in Antonio Skármetas Roman *Ardiente paciencia* traf den Nagel auf den Kopf, wenn er in den Metaphern das eigentlich Poetische von Nerudas Poesie erblickte. Als Schöpfer neuartiger, sehr persönlicher Bilder und Vergleiche hat Neruda in der modernen Lyrik nicht seinesgleichen. Viele davon sind dem, der ›Augen hat zu sehen‹, einleuchtend, andere bleiben einem verschlossen oder erschließen sich unter Umständen erst Jahre später, wenn man Neruda wieder einmal zur Hand nimmt. Das ist so – aber es ist nicht eigentlich Gegenstand von Nerudas Nachdenken über sein Dichten gewesen. Hier schweigt des Sängers Höflichkeit, aber wir wissen: Neruda wäre nicht Neruda, wenn er nicht die Welt durch seine Bildersprache verzauberte.

El hombre invisible

Yo me río,
me sonrío
de los viejos poetas,
yo adoro toda
la poesía escrita,
todo el rocío,

19 **invisible:** unsichtbar. 23 **adorar:** anbeten, verehren. 25 **el rocío:** Sprühregen, Tau.

luna, diamante, gota
de plata sumergida
que fue mi antiguo hermano
agregando a la rosa,
pero
me sonrío,
siempre dicen «yo»,
a cada paso
les sucede algo,
es siempre «yo»,
por las calles
sólo ellos andan
o la dulce que aman,
nadie más,
no pasan pescadores,
ni libreros,
no pasan albañiles,
nadie se cae
de un andamio,
nadie sufre,
nadie ama,
sólo mi pobre hermano,
el poeta,
a él le pasan
todas las cosas
y a su dulce querida,
nadie vive
sino él solo,

2 **sumergirse:** versinken. 4 **agregar:** hinzufügen. 9 **suceder:** geschehen, sich ereignen. 16 **el librero / la librera:** Buchhändler(in). 17 **el/la albañil:** Maurer(in). 19 **el andamio:** Baugerüst.

nadie llora de hambre
o de ira,
nadie sufre en sus versos
porque no puede
pagar el alquiler,
a nadie en poesía
echan a la calle
con camas y con sillas
y en las fábricas
tampoco pasa nada,
no pasa nada,
se hacen paraguas, copas,
armas, locomotoras,
se extraen minerales
rascando el infierno,
hay huelga,
vienen soldados,
disparan,
disparan contra el pueblo,
es decir,
contra la poesía,
y mi hermano
el poeta
estaba enamorado,
o sufría
porque sus sentimientos
son marinos,
ama los puertos

2 **la ira:** Zorn. 13 **la locomotora:** Lokomotive. 14 **extraer:** herausziehen, abbauen, fördern. 15 **rascar:** kratzen, ankratzen. 16 **la huelga:** Streik.

remotos, por sus nombres,
y escribe sobre océanos
que no conoce,
junto a la vida, repleta
como el maíz de granos,
él pasa sin saber
desgranarla,
él sube y baja
sin tocar la tierra,
o a veces
se siente profundísimo
y tenebroso,
él es tan grande
que no cabe en sí mismo,
se enreda y desenreda,
se declara maldito,
lleva con gran dificultad la cruz
de las tinieblas,
piensa que es diferente
a todo el mundo,
todos los días come pan
pero no ha visto nunca
un panadero
ni ha entrado a un sindicato
de panificadores,

1 **remoto/a:** fern, entlegen. 4 **repleto/a:** prall gefüllt, vollgestopft. 7 **desgranar:** aushülsen, entkörnen. 12 **tenebroso/a:** dunkel, finster, düster. 15 **enredarse:** sich verwickeln, sich verstricken. **desenredarse:** sich entwirren. 16 **maldito/a:** verflucht, verdammt. 18 **las tinieblas** (pl.): Finsternis, Dunkelheit. 24 **el sindicato:** Gewerkschaft. 25 **el panificador:** Brotfabrikant (*la panificadora:* Brotfabrik, Bäckerei).

y así mi pobre hermano
se hace oscuro,
se tuerce y se retuerce
y se halla
interesante,
interesante,
ésta es la palabra,
yo no soy superior
a mi hermano
pero sonrío,
porque voy por las calles
y sólo yo no existo,
la vida corre
como todos los ríos,
yo soy el único
invisible,
no hay misteriosas sombras,
no hay tinieblas,
todo el mundo me habla,
me quieren contar cosas,
me hablan de sus parientes,
de sus miserias
y de sus alegrías,
todos pasan y todos
me dicen algo,
y cuántas cosas hacen!
cortan maderas,

3 **se tuerce y se retuerce** (loc.): er dreht und windet sich (*torcerse:* sich biegen; *retorcerse:* sich winden). 4 **hallarse:** sich fühlen, sein. 8 **ser superior a alg.:** jdm. überlegen sein. 17 **la sombra:** Dunkelheit, Schatten. 21 **los parientes** (pl.): Angehörige, Verwandte. 22 **la miseria:** Armut, Elend.

suben hilos eléctricos,
amasan hasta tarde en la noche
el pan de cada día,
con una lanza de hierro
perforan las entrañas
de la tierra
y convierten el hierro
en cerraduras,
suben al cielo y llevan
cartas, sollozos, besos,
en cada puerta
hay alguien,
nace alguno,
o me espera la que amo,
y yo paso y las cosas
me piden que las cante,
yo no tengo tiempo,
debo pensar en todo,
debo volver a casa,
pasar al Partido,
qué puedo hacer,
todo me pide
que hable,
todo me pide
que cante y cante siempre,
todo está lleno

1 **el hilo eléctrico:** hier: Stromleitung. 2 **amasar:** kneten (Teig). 4 **la lanza:** Lanze, Speer. 5 **perforar:** durchlöchern, durchbohren. **las entrañas** (pl.): Eingeweide. 7 **convertir en:** verwandeln in. 8 **la cerradura:** Schloss. 10 **el sollozo:** Schluchzen. 20 **el Partido:** hier: *el Partido Comunista de Chile.*

de sueños y sonidos,
la vida es una caja
llena de cantos, se abre
y vuela y viene
una bandada
de pájaros
que quieren contarme algo
descansando en mis hombros,
la vida es una lucha
como un río que avanza
y los hombres
quieren decirme,
decirte,
por qué luchan,
si mueren,
por qué mueren,
y yo paso y no tengo
tiempo para tantas vidas,
yo quiero
que todos vivan
en mi vida
y canten en mi canto,
yo no tengo importancia,
no tengo tiempo
para mis asuntos,
de noche y de día
debo anotar lo que pasa,
y no olvidar a nadie.

3 **el canto:** Singen, Gesang. 5 **la bandada:** Schwarm (Vögel, Fische). 8 **descansar:** sich ausruhen. 10 **avanzar:** vorwärtsgehen, sich vorwärts bewegen. 27 **anotar:** notieren, aufschreiben.

Es verdad que de pronto
me fatigo
y miro las estrellas,
me tiendo en el pasto, pasa
un insecto color de violín,
pongo el brazo
sobre un pequeño seno
o bajo la cintura
de la dulce que amo,
y miro el terciopelo
duro
de la noche que tiembla
con sus constelaciones congeladas,
entonces
siento subir a mi alma
la ola de los misterios,
la infancia,
el llanto en los rincones,
la adolescencia triste,
y me da sueño,
y duermo
como un manzano,
me quedo dormido
de inmediato
con las estrellas o sin las estrellas,

2 **fatigarse:** ermüden. 4 **tenderse en algo:** sich auf etwas legen, sich auf etwas ausstrecken. **el pasto** (Am.): Gras. 7 **el seno:** Brust. 8 **la cintura:** Taille. 10 **el terciopelo:** Samt. 12 **temblar:** zittern. 13 **la constelación:** Konstellation, Sternbild. **congelado/a:** (ein)gefroren. 17 **la infancia:** Kindheit. 18 **el llanto:** Weinen. **el rincón:** Ecke, Winkel. 19 **la adolescencia:** Jugend. 22 **el manzano:** Apfelbaum. 24 **de inmediato:** sofort.

con mi amor o sin ella,
y cuando me levanto
se fue la noche,
la calle ha despertado antes que yo,
a su trabajo
van las muchachas pobres,
los pescadores vuelven
del océano,
los mineros
van con zapatos nuevos
entrando en la mina,
todo vive,
todos pasan,
andan apresurados,
y yo tengo apenas tiempo
para vestirme,
yo tengo que correr:
ninguno puede
pasar sin que yo sepa
adónde va, qué cosa
le ha sucedido.
No puedo
sin la vida vivir,
sin el hombre ser hombre
y corro y veo y oigo
y canto,
las estrellas no tienen
nada que ver conmigo,

9 **el minero:** Bergmann. 14 **apresurado/a:** hastig, eilig. 27 f. **no tener nada que ver con:** nichts zu tun haben mit.

la soledad no tiene
flor ni fruto.
Dadme para mi vida
todas las vidas,
dadme todo el dolor
de todo el mundo,
yo voy a transformarlo
en esperanza.
Dadme
todas las alegrías,
aun las más secretas,
porque si así no fuera,
cómo van a saberse?
Yo tengo que contarlas,
dadme
las luchas
de cada día
porque ellas son mi canto,
y así andaremos juntos,
codo a codo,
todos los hombres,
mi canto los reúne:
el canto del hombre invisible
que canta con todos los hombres.

Odas elementales

1 **la soledad:** Einsamkeit. 8 **la esperanza:** Hoffnung. 20 **codo a codo:** Seite an Seite, Schulter an Schulter (*el codo:* Ellenbogen).

Me niego a masticar teorías

[...] Tengo ya 53 años y nunca he sabido qué es la poesía, ni cómo definir lo que conozco. No he podido tampoco aconsejar a nadie sobre esta substancia oscura y a la vez deslumbrante.

De niño y de grande anduve mucho más entre ríos y pájaros que entre bibliotecas y escritores.

También asumí el deber antiguo de los poetas: la defensa del pueblo, de la pobre gente explotada.

Esto tiene importancia? Yo creo que son fascinaciones comunes a todos los que han escrito, escriben y escribirán poesía. El amor, es claro, tiene que ver con todo esto y debe poner sobre la mesa sus cartas de fuego.

A menudo comienzo a leer disquisiciones sobre la poesía, las que nunca alcanzo a terminar. Una cantidad de personas excesivamente ilustradas se han dispuesto a oscurecer la luz, a convertir el pan en car-

1 **negarse a** (+ inf.): sich weigern etwas zu tun. **masticar algo:** etwas kauen; hier (fig.): über etwas nachgrübeln. 4 **aconsejar a alg. (sobre) algo:** jdm. etwas raten. 5 **a la vez:** zugleich, gleichzeitig. **deslumbrante:** blendend, beeindruckend. 8 **asumir:** auf sich nehmen, übernehmen. **el deber:** Pflicht, Verpflichtung. 9 **explotar:** ausbeuten. 12 **(no) tener (nada) que ver con:** (nichts) zu tun haben mit. 13 f. **poner sobre la mesa sus cartas de fuego** (fig.): seine Karten offen auf den Tisch legen. 15 **a menudo:** häufig, oft. **la disquisición:** Studie, (wissenschaftliche) Untersuchung. 16 **alcanzar a** (+ inf.): es schaffen zu ... 17 **ilustrado/a:** gebildet. 17 f. **disponerse a** (+ inf.): sich anschicken zu ... 18 **oscurecer:** verdunkeln. **convertir en:** verwandeln in.

bón, la palabra en tornillo. Para separar al pobre poeta de sus parientes pobres, de sus compañeros de planeta, le dicen toda clase de encantadoras mentiras. «Tú eres mago – le repiten –, eres un dios oscurísimo.» A veces, los poetas creemos tales cosas y las repetimos como si nos hubieran regalado un reino. En verdad, estos aduladores nos quieren robar un reino peligroso para ellos: el de la comunicación cantante entre los seres humanos.

Este mixtificar y mitificar la poesía produce abundancia de tratados que no leo y que detesto. Me recuerdan los alimentos de ciertas tribus polares, que unos mastican largamente para que otros los devoren. Yo me niego a masticar teorías, y convido a cualquiera a entrar conmigo a un bosque de robles rojos en el Sur de Chile, donde comencé a amar la tierra, a una fábrica de medias, a una mina de manganeso (allí me conocen los obreros) o a cualquiera parte donde se puede comer pescado frito.

No sé si los hombres deben dividirse entre naturales y artificiales, entre realistas e ilusionistas: creo que

1 **separar:** trennen. 2 **los parientes** (pl.): Verwandte. 3 **encantador, -ora:** entzückend, bezaubernd. 4 **el mago / la maga:** Zauberer, -in. 5 **a veces:** manchmal. 7 **el adulador / la aduladora:** Schmeichler(in). 8 **cantante:** singend. 9 **el ser humano:** menschliches Wesen. 10 **mixtificar:** *mistificar:* verfälschen. **mitificar:** in einen Mythos verwandeln, zum Mythos erheben. 10 f. **la abundancia:** Überfluss, Fülle. 11 **el tratado:** Abhandlung. **detestar:** verabscheuen, hassen. 12 **el alimento:** Nahrung, Ernährung. **el tribu:** Stamm. 13 **devorar:** verschlingen. 14 **convidar a alg. a** (+ inf.): jdn. dazu einladen etwas zu tun. 15 **el roble rojo:** Roteiche. 17 **la mina de manganeso:** Manganmine. 21 **el/la ilusionista:** Illusionist(in).

basta con poner a un lado a los que son hombres y a los que no lo son. Estos últimos no tienen nada que ver con la poesía o, por lo menos, con mis cantos.
[...]
Yo me crié en el Sur de América, bajo la lluvia fría que durante 13 meses del año (dicen los chilenos del Sur) cae sobre pueblos, montañas y caminos, hasta mojar los archipiélagos derramados en el Pacífico, transir las soledades de Patagonia y congelarse en la Antártica pura.
[...]

Vorwort für eine 1957 in Río de Janeiro erschienene Auswahl aus Nerudas Werk

Discurso de Estocolmo

Señoras y señores:

Yo no aprendí en los libros ninguna receta para la composición de un poema; y no dejaré impreso a mi vez ni siquiera un consejo, modo o estilo para que los nuevos poetas reciban de mí alguna gota de supuesta sabiduría. [...]

1 **basta con** (+ inf.): es genügt zu ..., es reicht wenn ... 3 **el canto:** Singen, Gesang. 5 **criarse:** aufwachsen. 8 **el archipiélago:** Archipel, Inselgruppe. **derramar:** ausschütten, streuen, verstreuen. 9 **transir:** überqueren, durchqueren. **la soledad:** Einsamkeit. **congelarse:** gefrieren.

14 **Estocolmo**: Stockholm (Neruda erhält dort 1971 den Literaturnobelpreis). 17 **imprimir:** drucken, abdrucken. 17 f. **a mi vez:** meinerseits. 18 **el consejo:** Rat. 19 **supuesto/a:** mutmaßlich, vermeintlich, angeblich. 20 **la sabiduría:** Weisheit.

Y pienso que la poesía es una acción pasajera o solemne en que entran por parejas medidas la soledad y la solidaridad, el sentimiento y la acción, la intimidad de uno mismo, la intimidad del hombre y la secreta revelación de la naturaleza. Y pienso con no menor fe que todo está sostenido – el hombre y su sombra, el hombre y su actitud, el hombre y su poesía – en una comunidad cada vez más extensa, en un ejercicio que integrará para siempre en nosotros la realidad y los sueños, porque de tal manera los une y los confunde. [...]

De todo ello, amigos, surge una enseñanza que el poeta debe aprender de los demás hombres. No hay soledad inexpugnable. Todos los caminos llevan al mismo punto: a la comunicación de lo que somos. Y es preciso atravesar la soledad y la aspereza, la incomunicación y el silencio para llegar al recinto mágico en que podemos danzar torpemente o cantar con me-

1 **pasajero/a:** vorübergehend, vergänglich. 1f. **solemne:** feierlich, erhaben. 2 **por parejas medidas** (fig.): gleichermaßen. **la soledad:** Einsamkeit. 3 **la intimidad:** Intimität, Vertrautheit. 5 **la revelación:** Enthüllung, Offenbarung. **la fe:** Glaube, Vertrauen. 6 **sostener:** (unter)stützen, tragen. **la sombra:** Schatten. 7 **la actitud:** Haltung, Verhalten. 8 **extenso/a:** ausgedehnt, umfassend (*extender*: ausdehnen, erweitern). 9 **integrar:** integrieren, einfügen. 10 **confundir:** verwechseln. 12 **surgir:** hier: sich ergeben (im Sinne von resultieren). **la enseñanza:** Lehre. 14 **inexpugnable:** unüberwindlich. 16 **ser preciso/a** (+ inf.): notwendig sein etwas zu tun. **la aspereza:** Rauheit, Barschheit (*áspero/a:* rau, schroff). 16f. **la incomunicación:** Isolation, Kommunikationsmangel. 17 **el recinto:** Gelände, (umgrenzter) Platz. **mágico/a:** magisch, Zauber... 18 **danzar:** tanzen (*la danza:* Tanz[en]). **torpemente:** schwerfällig, ungeschickt.

lancolía; mas en esa danza o en esa canción están consumados los más antiguos ritos de la conciencia; de la conciencia de ser hombres y de creer en un destino común.

En verdad, si bien alguna o mucha gente me consideró un sectario, sin posible participación en la mesa común de la amistad y de la responsabilidad, no quiero justificarme, no creo que las acusaciones ni las justificaciones tengan cabida entre los deberes del poeta. Después de todo, ningún poeta administró la poesía, y si alguno de ellos se detuvo a acusar a sus semejantes, o si otro pensó que podría gastarse la vida defendiéndose de recriminaciones razonables o absurdas, mi convicción es que sólo la vanidad es capaz de desviarnos hasta tales extremos. Digo que los enemigos de la poesía no están entre quienes la profesan o resguardan, sino en la falta de concordancia del poeta. De ahí que ningún poeta tenga más enemigo esencial que su propia incapacidad para entenderse con los

1 **mas** (elev.): aber, jedoch. 2 **consumar:** vollbringen, vollziehen. **el rito:** Ritus, Ritual. **la conciencia:** Bewusstsein. 3 f. **el destino:** Schicksal, Bestimmung (*destinar:* bestimmen, zuweisen). 6 **el sectario / la sectaria:** Fanatiker(in), Sektierer(in). 8 **justificarse:** sich rechtfertigen (*la justificación:* Rechtfertigung). **la acusación:** Anklage, Beschuldigung. 9 **tener cabida** (fig.): in Betracht kommen (*la cabida:* Fassungsvermögen). **los deberes** (pl.): Pflichten, Aufgaben. 11 **detenerse a** (+ inf.): sich damit aufhalten etwas zu tun. 11 f. **sus semejantes:** seinesgleichen. 12 **gastar(se):** hier: verschwenden. 13 **la recriminación:** Vorwurf, Anschuldigung. **razonable:** vernünftig, angebracht. 14 **la convicción:** Überzeugung. **la vanidad:** Eitelkeit. 14 f. **desviar:** umleiten. 16 **profesar:** ausüben. 16 f. **resguardar:** bewahren, schützen. 17 **la concordancia:** Übereinstimmung, Konkordanz. 18 **esencial:** wesentlich, grundlegend. 19 **la incapacidad:** Unfähigkeit.

más ignorados y explotados de sus contemporáneos; y esto rige para todas las épocas y para todas las tierras.

El poeta no es un «pequeño dios». No, no es un «pequeño dios». No está signado por un destino cabalístico superior al de quienes ejercen otros menesteres y oficios. A menudo expresé que el mejor poeta es el hombre que nos entrega el pan de cada día: el panadero más próximo, que no se cree dios. Él cumple su majestuosa y humilde faena de amasar, meter al horno, dorar y entregar el pan de cada día, con una obligación comunitaria. Y si el poeta llega a alcanzar esa sencilla conciencia, podrá también la sencilla conciencia convertirse en parte de una colosal artesanía, de una construcción simple o complicada, que es la construcción de la sociedad, la transformación de las condiciones que rodean al hombre, la entrega de la mercadería: pan, verdad, vino, sueños. Si el poeta se incorpora a esa nunca gastada lucha por consignar cada uno en manos de los otros su ración

1 **ignorar:** nicht kennen, nicht beachten. **explotar:** ausbeuten. **el contemporáneo / la contemporánea:** Zeitgenosse, -in. 2 **regir:** gelten. 4 **estar signado/a por:** bestimmt sein für/zu. 4 f. **cabalístico/a:** geheimnisvoll, kabbalistisch. 5 **ejercer:** ausüben. 5 f. **los menesteres** (pl.): Pflichten, Obliegenheiten (*el menester:* Notwendigkeit). 6 **a menudo:** häufig, oft. 9 **majestuoso/a:** majestätisch, würdevoll. **humilde:** bescheiden, einfach (*la humildad:* Bescheidenheit). **la faena:** (harte, körperliche) Arbeit. **amasar:** kneten (Teig). 10 **el horno:** Backofen. **dorar:** bräunen, goldbraun backen. 11 **la obligación:** Verpflichtung. **comunitario/a:** Gemeinschafts… 11 f. **alcanzar algo:** etwas erreichen (*alcanzar a* [+ inf.]: etwas tun können). 13 **convertirse en:** sich verwandeln in. 16 **rodear:** umgeben, einkreisen. 17 **la mercadería:** Ware. 18 **incorporarse a:** sich anschließen an, sich eingliedern in. 19 **consignar:** anweisen. **la ración:** Portion, Ration, Zuteilung.

de compromiso, su dedicación y su ternura al trabajo común de cada día y de todos los hombres, el poeta tomará parte en el sudor, en el pan, en el vino, en el sueño de la humanidad entera. Sólo por ese camino inalienable de ser hombres comunes llegaremos a restituirle a la poesía el anchuroso espacio que le van recortando en cada época, que le vamos recortando en cada época nosotros mismos.

Los errores que me llevaron a una relativa verdad, y las verdades que repetidas veces me condujeron al error, unos y otras no me permitieron – ni yo lo pretendí nunca – orientar, dirigir, enseñar lo que se llama el proceso creador, los vericuetos de la literatura. Pero sí me di cuenta de una cosa: de que nosotros mismos vamos creando los fantasmas de nuestra propia mitificación. De la argamasa de lo que hacemos, o queremos hacer, surgen más tarde los impedimentos de nuestro propio y futuro desarrollo. Nos vemos indefectiblemente conducidos a la realidad y al realismo, es decir, a tomar una conciencia directa de lo que

1 **el compromiso:** Verpflichtung. **la dedicación:** Widmung, Hingabe. **la ternura a:** hier: Zuneigung zu. 2 **común:** gemeinschaftlich; hier: gewöhnlich. 3 **el sudor:** Schweiß. 5 **inalienable:** unveräußerlich; hier etwa: nicht entfremdbar. 6 **restituir:** zurückerstatten. **anchuroso/a:** weiträumig. **el espacio:** Raum, Platz. 7 **recortar:** ausschneiden, kürzen; hier: vermindern. 11 f. **pretender:** erstreben. 13 **el proceso creador:** Schaffensprozess. **los vericuetos** (pl.): verschlungene Wege. 14 **darse cuenta de algo:** etwas (be)merken. 15 **el fantasma:** Gespenst, Geist. 16 **la mitificación:** Erhebung zum Mythos, Mythologisierung. **la argamasa:** Mörtel. 17 **surgir:** entstehen, aufkommen. **el impedimento:** Hindernis. 18 **el desarrollo:** Entwicklung. 18 f. **indefectiblemente:** unfehlbar. 20 **es decir:** das heißt.

nos rodea y de los caminos de la transformación, y luego comprendemos, cuando parece tarde, que hemos construido una limitación tan exagerada que matamos lo vivo en vez de conducir la vida a desenvolverse y florecer. Nos imponemos un realismo que posteriormente nos resulta más pesado que el ladrillo de las construcciones, sin que por ello hayamos erigido el edificio que contemplábamos como parte integral de nuestro deber. Y en sentido contrario, si alcanzamos a crear el fetiche de lo incomprensible (o de lo comprensible para unos pocos), el fetiche de lo selecto y de lo secreto, si suprimimos la realidad y sus degeneraciones realistas, nos veremos de pronto rodeados de un terreno imposible, de un tembladeral de hojas, de barro, de nubes, en el que se hunden nuestros pies y nos ahoga una incomunicación opresiva.

En cuanto a nosotros en particular, escritores de la vasta extensión americana, escuchamos sin tregua el

3 **la limitación:** Beschränkung, Einschränkung. 4 **en vez de:** statt, anstelle von. 4f. **desenvolverse:** sich entwickeln. 5 **florecer:** blühen. **imponerse:** sich aufzwingen, sich auferlegen. 6 **posteriormente:** nachher. **el ladrillo:** Ziegel. 7f. **erigir:** errichten. 8 **contemplar:** betrachten. 9 **el deber:** Pflicht, Verpflichtung (*los deberes*, pl.: Aufgaben). 10 **el fetiche:** Fetisch. **lo incomprensible:** etwa: das Unverständliche, das Unbegreifliche. 12 **lo selecto:** das Erlesene, das Auserwählte. **suprimir:** beseitigen, verschweigen. 13 **la degeneración:** Degeneration, Verfall. 14 **el tembladeral** (Am.): *el tremedal:* Sumpfboden, Zitterboden. 15 **hundirse en:** versinken in. 16 **ahogar:** ertränken, ersticken. **opresivo/a:** bedrückend, beklemmend. 17 **en cuanto a:** was … angeht. **en particular:** besonders, vor allem. 18 **vasto/a:** groß, weit. **la extensión:** Ausdehnung, Fläche (*extender:* ausdehnen, ausbreiten). **la tregua:** Ruhepause.

llamado para llenar ese espacio enorme con seres de carne y hueso. Somos conscientes de nuestra obligación de pobladores y – al mismo tiempo que nos resulta esencial el deber de una comunicación crítica en un mundo deshabitado y, no por deshabitado menos lleno de injusticias, castigos y dolores – sentimos también el compromiso de recobrar los antiguos sueños que duermen en las estatuas de piedra, en los antiguos monumentos destruidos, en los anchos silencios de pampas planetarias, de selvas espesas, de ríos que cantan como truenos. Necesitamos colmar de palabras los confines de un continente mudo y nos embriaga esta tarea de fabular y de nombrar. Tal vez ésa sea la razón determinante de mi humilde caso individual: y en esa circunstancia mis excesos, o mi abundancia, o mi retórica, no vendrían a ser sino actos, los más simples, del menester americano de cada día. Cada uno de mis versos quiso instalarse como un objeto palpable; cada uno de mis poemas pretendió ser

1f. **el ser de carne y hueso:** Wesen aus Fleisch und Blut. 3 **el poblador / la pobladora:** Bewohner(in), Siedler(in). 5 **deshabitado/a:** unbewohnt, verlassen. 6 **la injusticia:** Ungerechtigkeit. **el castigo:** Bestrafung, Strafe. 7 **recobrar:** zurückbekommen, wiedererlangen. 10 **la pampa:** Pampa (ausgedehntes flaches Grasland; auch Region in Argentinien). **espeso/a:** dicht. 11 **el trueno:** Donner. **colmar:** bis zum Rand füllen, überschütten. 12 **los confines** (pl.): Grenze(n). **mudo/a:** stumm. 12f. **embriagar:** berauschen, entzücken. 13 **fabular:** erdichten, fantasieren. **tal vez:** vielleicht. 14 **determinante:** bestimmend, entscheidend. **humilde:** einfach, bescheiden, unbedeutend. 15 **la circunstancia:** Umstand, Gegebenheit. **el exceso:** Exzess, Übermaß. 15f. **la abundancia:** Fülle, Überfluss. 18 **instalarse:** sich einrichten. 19 **palpable:** tastbar, fühlbar, greifbar.

un instrumento útil de trabajo; cada uno de mis cantos aspiró a servir en el espacio como signos de reunión donde se cruzaron los caminos, o como fragmento de piedra o de madera en que alguien, otros, los que vendrán, pudieran depositar los nuevos signos.

Extendiendo estos deberes del poeta, en la verdad o en el error, hasta sus últimas consecuencias, decidí que mi actitud dentro de la sociedad y ante la vida debía ser también humildemente partidaria. Lo decidí viendo gloriosos fracasos, solitarias victorias, derrotas deslumbrantes. Comprendí, metido en el escenario de las luchas de América, que mi misión humana no era otra sino agregarme a la extensa fuerza del pueblo organizado, agregarme con sangre y alma, con pasión y esperanza, porque sólo de esa henchida torrentera pueden nacer los cambios necesarios a los escritores y a los pueblos. Y aunque mi posición levantara o levante objeciones amargas o amables, lo cierto es que no hallo otro camino para el escritor de nuestros anchos y crueles países, si queremos que florezca la oscuridad, si pretendemos que los millones de hombres

1 f. **el canto:** Singen, Gesang. 2 **aspirar a** (+ inf.): danach streben etwas zu tun. **el signo:** Zeichen. 5 **depositar:** deponieren; hier etwa: einlegen, einsetzen. 7 **la consecuencia:** Konsequenz, Auswirkung. 9 **partidario/a:** treu, zugehörig, parteiisch. 10 **glorioso/a:** ruhmreich. **el fracaso:** Scheitern, Misserfolg. **solitario/a:** einsam. **la derrota:** Niederlage. 11 **deslumbrante:** blendend, beindruckend, überwältigend. **el escenario:** Bühne, Schauplatz. 13 **agregarse a:** sich anschließen an. **extenso/a:** weit, ausgedehnt. 15 **la esperanza:** Hoffnung. **henchido/a:** prall, geschwollen (Fluss). **la torrentera:** Klamm, Bergwasserschlucht. 18 **la objeción:** Einwand. **amargo/a:** bitter. 19 **hallar:** finden, ausfindig machen, (an)treffen.

que aún no han aprendido a leernos ni a leer, que todavía no saben escribir ni escribirnos, se establezcan en el terreno de la dignidad sin la cual no es posible ser hombres integrales.

Heredamos la vida lacerada de los pueblos que arrastran un castigo de siglos, pueblos los más edénicos, los más puros, los que construyeron con piedras y metales torres milagrosas, alhajas de fulgor deslumbrante: pueblos que de pronto fueron arrasados y enmudecidos por las épocas terribles del colonialismo que aún existe.

Nuestras estrellas primordiales son la lucha y la esperanza. Pero no hay lucha ni esperanzas solitarias. En todo hombre se juntan las épocas remotas, la inercia, los errores, las pasiones, las urgencias de nuestro tiempo, la velocidad de la historia. Pero, qué sería de mí si yo, por ejemplo, hubiera contribuido en cualquiera forma al pasado feudal del gran continente americano? Cómo podría yo levantar la frente, iluminada por el honor que Suecia me ha otorgado, si no

2 **establecerse:** sich niederlassen. 3 **el terreno:** Gebiet, Bereich, Terrain. **la dignidad:** Würde. 5 **heredar:** erben. **lacerado/a:** unglückselig, elend. 6 **arrastrar:** ziehen, schleppen; hier: nach sich ziehen. 6f. **edénico/a:** paradiesisch, Eden… 8 **milagroso/a:** wunderbar. **la alhaja:** Juwel. **el fulgor:** Funkeln, Glanz. 9 **arrasar:** einebnen, verwüsten, dem Erdboden gleichmachen. 9f. **enmudecer a alg.:** jdn. verstummen lassen, jdn. zum Schweigen bringen. 12 **primordial:** wesentlich, vorrangig, ursprünglich. 14 **juntarse:** zusammenkommen, sich vereinigen. **remoto/a:** fern. 14f. **la inercia:** Trägheit. 16 **la velocidad:** Geschwindigkeit. 17 **contribuir a:** beitragen zu. 19f. **iluminar:** erleuchten. 20 **Suecia:** Schweden. **otorgar:** verleihen, gewähren.

me sintiera orgulloso de haber tornado una mínima parte en la transformación actual de mi país? Hay que mirar el mapa de América, enfrentarse a la grandiosa diversidad, a la generosidad cósmica del espacio que nos rodea, para entender que muchos escritores se niegan a compartir el pasado de oprobio y de saqueo que oscuros dioses destinaron a los pueblos americanos.

Yo escogí el difícil camino de una responsabilidad compartida y, antes de reiterar la adoración hacia el individuo como sol central del sistema, preferí entregar con humildad mi servicio a un considerable ejército que a trechos puede equivocarse, pero que camina sin descanso y avanza cada día enfrentándose tanto a los anacrónicos recalcitrantes como a los infatuados impacientes. Porque creo que mis deberes de poeta no sólo me indicaban la fraternidad con la rosa y la si-

1 **sentirse orgulloso/a de algo:** stolz auf etwas sein. **mínimo/a:** kleinste(r, s), Mindest… 3 **enfrentarse a alg./algo:** jdm./etwas die Stirn bieten, sich mit jdm./etwas auseinandersetzen. 4 **la diversidad:** Vielfalt. **la generosidad:** Großzügigkeit. 5 f. **negarse a** (+ inf.): sich weigern etwas zu tun. 6 **compartir:** teilen. **el oprobio:** Schmach, Schande. **el saqueo:** Plünderung. 7 **destinar algo a alg.:** etwas für jdn. ausersehen, etwas für jdn. bestimmen. 8 **escoger:** (aus)wählen. 9 **reiterar algo:** etwas wiederholen, nochmals etwas tun. **la adoración:** Anbetung, Verehrung. 11 **considerable:** beträchtlich, beachtlich. 12 **a trechos:** streckenweise, hier und da (*el trecho:* Strecke). **equivocarse:** sich irren. 13 **sin descanso:** ununterbrochen (*el descanso:* Ruhe, Pause). **avanzar:** vorwärts gehen, weitergehen. 14 **anacrónico/a:** anachronistisch. **el recalcitrante:** etwa: der Hartnäckige, der Störrische. **infatuado/a:** eingebildet (*infatuarse con algo:* sich etwas einbilden auf). 15 **el/la impaciente:** der/die Ungeduldige(r). 16 **indicar algo:** auf etwas hinweisen, auf etwas aufmerksam machen. **la fraternidad:** Brüderlichkeit, Bruderschaft.

metría, con el exaltado amor y con la nostalgia infinita, sino también con las ásperas tareas humanas que incorporé a mi poesía.

Hace hoy cien años exactos, un pobre y espléndido poeta, el más atroz de los desesperados, escribió esta profecía: «A l'aurore, armés d'une ardente patience, nous entrerons aux splendides Villes». (Al amanecer, armados de una ardiente paciencia, entraremos a las espléndidas ciudades.)

Yo creo en esa profecía de Rimbaud, el vidente. Yo vengo de una obscura provincia, de un país separado de todos los otros por la tajante geografía. Fui el más abandonado de los poetas y mi poesía fue regional, dolorosa y lluviosa. Pero tuve siempre confianza en el hombre. No perdí jamás la esperanza. Por eso tal vez he llegado hasta aquí con mi poesía, y también con mi bandera.

En conclusión, debo decir a los hombres de buena voluntad, a los trabajadores, a los poetas, que el ente-

1 **exaltado/a:** überschwenglich, leidenschaftlich. **la nostalgia:** Sehnsucht. 1f. **infinito/a:** endlos, unendlich. 3 **incorporar a:** eingliedern in, einfügen in. 5 **atroz:** riesig, grauenhaft. **el desesperado / la desesperada:** der/die Verzweifelte, der/die Hoffnungslose. 6 **la profecía:** Prophezeiung, Weissagung. 6f. **«A l'aurore … aux splendides Villes»:** Zitat aus dem Gedicht »Adieu« der Gedichtsammlung *Une saison en enfer* (1873) des französischen Dichters Arthur Rimbaud (1854–91). 7 **el amanecer:** Tagesanbruch. 8 **armado/a de algo:** mit etwas ausgestattet sein. **ardiente:** glühend, brennend. 10 **el/la vidente:** Hellseher(in). 11 **obscuro/a:** *oscuro/a.* 12 **tajante:** unnachgiebig, einschneidend, drastisch. 14 **lluvioso/a:** regnerisch, Regen… 17 **la bandera:** Fahne, Flagge. 18 **en conclusión:** schließlich, kurz und gut. 18f. **la buena voluntad:** guter Wille.

ro porvenir fue expresado en esa frase de Rimbaud: sólo con una ardiente paciencia conquistaremos la espléndida ciudad que dará luz, justicia y dignidad a todos los hombres.

Así la poesía no habrá cantado en vano.

Dankrede zur Verleihung des Nobelpreises für Literatur 1971

1 **el porvenir:** Zukunft. 5 **en vano:** vergeblich, umsonst, vergebens.

IX

Zur Geschichte Lateinamerikas

Die drei Gedichte des letzten Abschnitts dieser Auswahl entstammen Nerudas *Canto general.* Wenn es die Aufgabe des lateinamerikanischen Dichters ist, wie es in Nerudas Nobelpreisrede heißt, »diesen Kontinent mit Worten anzufüllen«, so gehörte dazu auch die Verlebendigung seiner Geschichte. Dieser Aufgabe dient der fast vierhundert Seiten umfassende »Große Gesang«, den Neruda im Wesentlichen 1948/49, nach seiner Verbannung, bei Freunden in Chile versteckt, verfasste, ehe er im Februar 1949 über die Anden nach Argentinien entfloh, um sich nach Europa zu begeben. Die in fünfzehn unterschiedlich lange Abschnitte eingeteilte Dichtung beginnt mit einer Schilderung der Geographie des Subkontinents, an die sich »Alturas de Macchu Picchu« anschließt. Es folgen Abschnitte über die Konquistadoren und die Befreier Lateinamerikas von der spanischen Kolonialherrschaft (»Los Libertadores«). Den langen Schlussteil bilden überwiegend polemische Gedichte, die der jüngeren Geschichte Chiles gelten (»Canto general de Chile«). Ziemlich unmotiviert mutet der Einschub eines militanten Gedichtzyklus über die (stark kritisierten) Vereinigten Staaten und das (schöngefärbte) Sowjetrussland an: »Que despierte el leñador«, ein »Hymnus auf den Frieden«, den nicht zufällig 1955 der Leipziger Insel Verlag (in der Übersetzung von Erich Arendt) separat herausgegeben hat. Mit solchen polemischen und mancherlei persönlich gefärbten Teilen durchsetzt, stellt der *Canto general* ein etwas inkohärentes Ganzes dar. Aber als Ausdruck einer lateinamerikanischen Identitätssuche hat er viel Anklang gefunden.

Das Gedicht »Cortés« enthält – kursiv gedruckt – zu

Beginn ein Zitat aus einem Brief des Konquistadoren an Karl V. Tlascala heißt die Hauptstadt und das Land des Indianerstammes, mit dem Cortés gemeinsame Sache machte, um Tenochtitlan, die Hauptstadt des Aztekenreiches, zu erobern: deren Bewohner wehrten sich gegen die Unterdrückung durch Montezuma und Cortés gewann sie, taktisch geschickt, zu Bundesgenossen. In der Meinung, die bärtigen Weißen verkörperten die einst nach Osten ausgewanderten und nun über den Ozean zurückkehrenden Götter Mexikos, wurden Cortés und seine rund vierhundert Mann starke Truppe in Tenochtitlan freundlich empfangen und beschenkt. Darauf spielt die »Taube«, der »Fasan« und die »Zither« an, von denen Neruda spricht. Doch Montezuma (auch Moctezuma) wurde gefangengenommen und als Geisel behandelt. Natürlich waren die Spanier hier wie überall vor allem auf das Gold aus. Cortés aber benahm sich scheinfreundlich Montezuma gegenüber. Er löste ihm die Fesseln und nannte ihn seinen »lieben Bruder«. Neruda legt das Wort dem Aztekenherrscher in den Mund. Dieser versuchte, als neue Feindseligkeiten ausbrachen und die Spanier sich zur Flucht von Tenochtitlan anschickten, noch einmal Frieden zu stiften. Er sprach von einem Söller – bei Neruda sind es »Balkone« – herab auf die Aztekenkrieger ein. Da bewarfen sie ihn mit Steinen, trafen den »König« und töteten ihn. »Las piedras del pueblo vuelan contestando« bezieht sich hierauf. Cortés zog sich mit seinen Mannen flüchtend zurück, plante aber gleich schon die Wiedereroberung der mexikanischen Hauptstadt, die 1521 gelang. Darauf bezieht sich die Wendung »Cortés afila puñales«.

»Las agonías« handelt von der Niedermetzelung – anders kann man es nicht sagen – der Krieger des Inka Atahualpa in Cajamarca, die Pizarro, »el cerdo de Estremadura«, 1532 anstiftete. Er traf vor der Stadt mit seinem kleinen Häuflein (116 Mann Fußvolk, 62 Reiter, bewaffnet mit einigen Musketen und drei oder vier Kanonen) auf die Armee Atahualpas, bestehend aus fünf- bis sechstausend Indios, die nur mit Keulen und Steinschleudern bewaffnet waren. Es gelang Pizarro, einen Teil dieser Armee in die Stadt zu locken. Angeführt von dem auf einer prunkvollen Sänfte getragenen Inkaherrscher, der ein ›Usurpator‹ war und den legitimen Inka ausgebootet hatte, erschienen die spärlich bewaffneten Inkakrieger auf einem von Häusern umgebenen Platz. Da trat ihm Valverde, der Kaplan Pizarros, entgegen und hielt ihm ein Kreuz und das Brevier hin. Nach einem Gespräch, das der Bekehrung Atahualpas dienen sollte und das ein Dolmetscher vermittelte, griff der Inka nach dem Brevier, beschaute das Buch und warf es zornig zu Boden. Daraufhin rief Valverde, was Neruda getreulich zitiert: »Muerte, venganza, matad, que os absuelvo!« Pizarro gab das Signal und die spanischen Ritter brachen aus den Hauseingängen hervor, um die panikartig flüchtenden Krieger niederzumachen. Die Musketenschüsse und eine Kanone erschreckten die Indios mehr, als dass sie tödliche Wirkung zeigten. Bis in die Nacht hinein verfolgten die spanischen Reiter die Flüchtenden, denen sich die vor der Stadt lagernde Armee angeschlossen hatte. Und Atahualpa wurde, wie einst Montezuma, gefangengenommen. Was weiter geschah, schildert Neruda in dem folgenden Gedicht »La línea colorada«.

»Guayaquil« bezieht sich auf eines der umstrittensten Ereignisse der Unabhängigkeitskriege. Es ist der Name einer Hafenstadt, die heute zu Ecuador gehört. Damals stritten Perú und Kolumbien darum, wem sie zugeschlagen werden sollte. Simon Bolívar (1783–1830) hatte den grandiosen Feldzug von der Orinocomündung über die Anden nach dem heutigen Perú hinter sich und schickte sich an, die spanischen Heere endgültig zu schlagen. Von Süden her kam ihm José de San Martín (1778–1850), der

Befreier Argentiniens und Chiles, entgegen. Die beiden Heerführer trafen sich teils an Bord eines Schiffes, teils in einem Haus der Stadt am 26. und 27. Juli 1822, um über das weitere Schicksal Südamerikas zu beraten. Das Gespräch fand unter vier Augen statt, so dass keiner weiß, was die beiden miteinander gesprochen haben. Neruda nutzt das, um zu sagen, wie sie ›nicht-kommunizierten‹. Bolívar ging insofern als Sieger aus dem Gespräch hervor, als San Martín sich vom Kriegsschauplatz zurückzog und nach Frankreich emigrierte, wo er Jahre später, vergessen, starb. Bolívar muss ihn überzeugt haben, dass nur einer den Subkontinent befreien konnte und dass dieser eine e r war. Tatsächlich vertrieb er mit Hilfe seines tüchtigen Generals Sucre die Spanier alsbald – und begab sich zu seiner Geliebten Manuela Saenz, die, wie Neruda sagt, »mit weißer Hand« auf ihn wartete und »das Leinen auf das Brautbett spannte«.

Cortés

Cortés no tiene pueblo, es rayo frío,
corazón muerto en la armadura.
«Feraces tierras, mi Señor y Rey,
templos en que el oro, cuajado
está por manos del indio.»

19 **el rayo:** Strahl, Blitz. 20 **la armadura:** Ritterrüstung. 21 **feraz:** fruchtbar, ertragreich. 22 **cuajarse (de):** sich füllen (mit), sich bedecken (mit).

Y avanza hundiendo puñales, golpeando
las tierras bajas, las piafantes
cordilleras de los perfumes,
parando su tropa entre orquídeas
y coronaciones de pinos,
atropellando los jazmines,
hasta las puertas de Tlaxcala.

(Hermano aterrado, no tomes
como amigo al buitre rosado:
desde el musgo te hablo, desde
las raíces de nuestro reino.
Va a llover sangre mañana,
las lágrimas serán capaces
de formar niebla, vapor, ríos,
hasta que derritas los ojos.)

Cortés recibe una paloma,
recibe un faisán, una cítara
de los músicos del monarca,
pero quiere la cámara del oro,

1 **hundir:** versenken. **el puñal:** Dolch. **golpear:** schlagen, klopfen. 2 **piafante:** tänzelnd (*piafar:* tänzeln). 3 **la cordillera:** Gebirgskette. 4 **la tropa:** Truppe. **la orquídea:** Orchidee. 5 **la coronación:** Krönung; hier: Baumkrone. 6 **atropellar:** überfahren, umrennen; hier etwa: zertrampeln. 7 **Tlaxcala:** Stadt und politisches Zentrum der Tlaxcalteken, die mit den Azteken verfeindet waren und sich mit den Spaniern gegen diese verbündeten. 8 **aterrar:** niederreißen, niederwerfen. 9 **el buitre:** Aasgeier. **rosado/a:** rötlich, rosig. 10 **el musgo:** Moos. 14 **el vapor:** Dampf. 15 **derretir:** schmelzen, zergehen lassen. 17 **el faisán:** Fasan. **la cítara:** Zither. 19 **la cámara:** Raum, Kammer.

quiere otro paso, y todo cae
en las arcas de los voraces.
El rey se asoma a los balcones:
«Es mi hermano», dice. Las piedras
del pueblo vuelan contestando,
y Cortés afila puñales
sobre los besos traicionados.

Vuelve a Tlaxcala, el viento ha traído
un sordo rumor de dolores.

Canto general

Las agonías

En Cajamarca empezó la agonía.

El joven Atahualpa, estambre azul,
árbol insigne, escuchó al viento
traer rumor de acero.

2 **el arca** (f.): Truhe, Kiste. **los voraces** (pl.): die Gefräßigen, die Gierigen (*voraz:* gefräßig). 3 **asomarse:** sich zeigen, erscheinen. 6 **afilar:** schärfen, schleifen, wetzen. 7 **traicionar:** verraten. 9 **sordo/a:** taub, gedämpft, dumpf. **el rumor:** Geräusch, Rauschen.

11 **la agonía:** Todeskampf, Agonie, Untergang (*agonizante:* mit dem Tode ringend, sterbend). 12 **Cajamarca:** Stadt und Region in Peru, in der 1532 die Schlacht von Cajamarca stattfand, bei der der spanische Eroberer Francisco Pizarro González den Inka-Herrscher Atahualpa gefangennahm. 13 **Atahualpa:** letzter Herrscher des Inka-Reiches (um 1500–33). **el estambre:** Kammgarnstoff (feines, glattes Tuch). 14 **insigne:** prominent, erlaucht. 15 **el rumor:** Geräusch, Rauschen.

Era un confuso
brillo y temblor desde la costa,
un galope increíble
– piafar y poderío –
de hierro y hierro entre la hierba.
Llegaron los adelantados.
El Inca salió de la música
rodeado por los señores.

Las visitas
de otro planeta, sudadas y barbudas,
iban a hacer la reverencia.

El capellán
Valverde, corazón traidor, chacal podrido,
adelanta un extraño objeto, un trozo
de cesto, un fruto
tal vez de aquel planeta
de donde vienen los caballos.
Atahualpa lo toma. No conoce
de qué se trata: no brilla, no suena,
y lo deja caer sonriendo.

2 **el brillo:** Glanz. **el temblor:** Beben, Zittern. 4 **el piafar:** das Tänzeln (Pferd). **el poderío:** Macht, Kraft. 6 **los adelantados:** etwa: Vorhut (*adelantar:* vorankommen, vorrücken, vorschieben). 8 **rodear:** umgeben, einkreisen. 10 **sudado/a:** verschwitzt, schweißgebadet. **barbudo/a:** (voll)bärtig. 11 **hacer la/una reverencia:** sich verneigen. 12 **el capellán:** Kaplan, Geistlicher. 13 **Valverde:** Vicente de Valverde (um 1490–1543), Bischof von Cusco, der Pizarro bei der Gefangennahme und Hinrichtung Atahualpas unterstützte. **traidor, -ora:** verräterisch, falsch, heimtückisch. **podrido/a:** verfault; hier (fig.): verdorben, verkommen. 14 **extraño/a:** fremd, sonderbar. 15 **el cesto:** Korb. 16 **tal vez:** vielleicht.

«Muerte,
venganza, matad, que os absuelvo»,
grita el chacal de la cruz asesina.
El trueno acude hacia los bandoleros.
Nuestra sangre en su cuna es derramada.
Los príncipes rodean como un coro
al Inca, en la hora agonizante.

Diez mil peruanos caen
bajo cruces y espadas, la sangre
moja las vestiduras de Atahualpa.
Pizarro, el cerdo cruel de Extremadura
hace amarrar los delicados brazos
del Inca. La noche ha descendido
sobre el Perú como una brasa negra.

Canto general

2 **la venganza:** Rache. **absolver:** lossprechen, freisprechen. 3 **asesino/a:** mörderisch, Mörder… 4 **el trueno:** Donner; hier (fig.): Schüsse. **acudir:** herbeieilen, sich einfinden. **el bandolero:** Straßenräuber; hier: Indianer. 5 **la cuna:** Wiege. **derramar:** verschütten, vergießen. 9 **la espada:** Schwert. 10 **mojar:** nass machen, befeuchten. **la vestidura:** Bekleidung, Gewand. 11 **Pizarro:** Francisco Pizarro González (um 1476–1541), spanischer Eroberer des Inka-Reichs. **Extremadura:** Region im Südwesten Spaniens. 12 **amarrar:** festbinden. 13 **descender:** hinuntergehen; hier: hereinbrechen. 14 **la brasa:** Glut.

Guayaquil (1822)

Cuando entró San Martín, algo nocturno
de camino impalpable, sombra, cuero,
entró en la sala.
Bolívar esperaba.
Bolívar olfateó lo que llegaba.
Él era aéreo, rápido, metálico,
todo anticipación, ciencia de vuelo,
su contenido ser temblaba
allí, en el cuarto detenido
en la oscuridad de la historia.

Venía de la altura indecible,
de la atmósfera constelada,
iba su ejército adelante
quebrantando noche y distancia,
capitán de un cuerpo invisible,
de la nieve que lo seguía.
La lámpara tembló la puerta
detrás de San Martín mantuvo

1 ff. **Guayaquil … San Martín … Bolívar:** s. die Einführung zu diesem Abschnitt. 2 **nocturno/a:** nächtlich, Nacht…; hier etwa: übernächtigt. 3 **impalpable:** kaum fühlbar, kaum wahrnehmbar. **la sombra:** Dunkelheit, Schatten. 6 **olfatear:** wittern, (be)riechen. 7 **aéreo/a:** leicht, schwerelos. 8 **la anticipación:** Vorwegnahme. 9 **contenido/a:** gemäßigt, zurückhaltend, verhalten. **el ser:** Wesen. **temblar:** zittern. 12 **indecible:** unsagbar, unsäglich. 13 **constelado/a:** gestirnt, Sternen… 15 **quebrantar:** (zer)brechen; hier etwa: trotzen. 16 **invisible:** unsichtbar.

la noche, sus ladridos, un rumor
tibio de desembocadura.

Las palabras abrieron un sendero
que iba y volvía en ellos mismos.
Aquellos dos cuerpos se hablaban,
se rechazaban, se escondían,
se incomunicaban, se huían.

San Martín traía del Sur
un saco de números grises,
la soledad de las monturas
infatigables, los caballos
batiendo tierras, agregándose
a su fortaleza arenaria.
Entraron con él los ásperos
arrieros de Chile, un lento
ejército ferruginoso,
el espacio preparatorio,

1 **el ladrido:** Bellen, Gebell. **el rumor:** Geräusch, Rauschen, Brausen. 2 **tibio/a:** lau(warm). **la desembocadura:** Mündung, Auslauf, Ende. 3 **el sendero:** Pfad, Weg. 6 **rechazarse:** sich (gegenseitig) ablehnen, einander zurückweisen. **esconderse:** sich verstecken. 7 **incomunicarse:** nicht miteinander kommunizieren, sich absondern, sich abriegeln. **huirse:** sich meiden. 10 **la soledad:** Einsamkeit. **la montura:** Sattel; hier (fig.): Reiter. 11 **infatigable:** unermüdlich. 12 **agregarse a:** sich anschließen an. 13 **la fortaleza:** Kraft, Stärke. **arenario/a:** Sand…; hier etwa: trocken, rau. 14 **áspero/a:** rau. 15 **el arriero:** Maultiertreiber. 16 **ferruginoso/a:** rotbraun, rostrot (Farbe der stark eisenhaltigen Erde im Norden Argentiniens und Chiles). 17 **preparatorio/a:** vorbereitend, Vorbereitungs…

las banderas con apellidos
envejecidos en la pampa.

Cuanto hablaron cayó de cuerpo a cuerpo
en el silencio, en el hondo intersticio.
No eran palabras, era la profunda
emanación de las tierras adversas,
de la piedra humana que toca
otro metal inaccesible.
Las palabras volvieron a su sitio.
Cada uno, delante de sus ojos
veía sus banderas.
Uno, el tiempo con flores deslumbrantes,
otro, el roído pasado,
los desgarrones de la tropa.

Junto a Bolívar una mano blanca
lo esperaba, lo despedía,
acumulaba su acicate ardiente,
extendía el lino en el tálamo.
San Martín era fiel a su pradera.

1 **la bandera:** Fahne, Flagge. 2 **envejecerse:** altern, alt werden. **la pampa:** Pampa (ausgedehntes flaches Grasland; auch Region in Argentinien). 3 **cuerpo a cuerpo** (fig.): Mann gegen Mann. 4 **hondo/a:** tief. **el intersticio:** Zwischenraum; hier: Pause. 6 **la emanación:** Ausströmung. **adverso/a:** widrig, feindlich. 8 **inaccesible:** unerreichbar. 12 **deslumbrante:** blendend, beeindruckend, überwältigend. 13 **roído/a:** zerfressen, abgenagt (*roer:* [ab]nagen, anfressen). 14 **el desgarrón:** Fetzen. **la tropa:** Truppe. 17 **acumular:** anhäufen, ansammeln. **el acicate:** Anreiz, Ansporn, Motivation. **ardiente:** glühend, brennend. 18 **extender:** ausstrecken, ausbreiten. **el lino:** Leinen; hier: Leintuch. **el tálamo** (elev.): Brautbett. 19 **fiel a:** treu zu. **la pradera:** Grasland.

Su sueño era un galope,
una red de correas y peligros.
Su libertad era una pampa unánime.
Un orden cereal fue su victoria.

Bolívar construía un sueño,
una ignorada dimensión, un fuego
de velocidad duradera,
tan incomunicable, que lo hacía
prisionero, entregado a su substancia.

Cayeron las palabras y el silencio.
Se abrió otra vez la puerta, otra vez toda
la noche americana, el ancho río
de muchos labios palpitó un segundo.

San Martín regresó de aquella noche
hacia las soledades, hacia el trigo.
Bolívar siguió solo.

Canto general

2 **la red:** Netz. **la correa:** hier (fig.): Ausdauer, Zähigkeit. 3 **unánime:** einmütig, einstimmig. 4 **cereal:** Getreide... 6 **ignorar:** nicht kennen, nicht wissen. 7 **la velocidad:** Geschwindigkeit. **duradero/a:** dauerhaft, andauernd. 8 **incomunicable:** nicht mittelbar, nicht übertragbar. 13 **el labio:** Lippe. **palpitar:** pochen, zucken.

Editorische Notiz

Die spanischen Texte folgen der Ausgabe:

Pablo Neruda: Obras Completas. Barcelona: Galaxia Gutenberg, 1999–2002.

Bd. 1: De «Crepusculario» a «Las uvas y el viento», 1923–1954. Edición y notas de Hernán Loyola. Con el asesoramiento de Saúl Yurkievich. Introducción general de Saúl Yurkievich. Prólogo de Enrico Mario Santí. 1999. (*Cuerpo de mujer …*; *He ido marcando …*; *El viento en la isla; Barrio sin luz*; *Explico algunas cosas*; *Alturas de Macchu Picchu*; *La gran alegría*; *La United Fruit Co.*; *Cortés*; *Las agonías*; *Guayaquil.*)

Bd. 2: De «Odas elementales» a «Memorial de Isla Negra», 1954–1964. Edición y notas de Hernán Loyola. Con el asesoramiento de Saúl Yurkievich. Prólogo de Saúl Yurkievich. 1999. (*Oda a la lluvia; Oda a la madera; La timidez* [II]; *La gran lluvia del Sur …*; *Oda a la gaviota*; *Oda a un albatros viajero*; *Oda al elefante*; *La tortuga*; *Oda a una estrella*; *Oda a la pereza*; *El hombre invisible.*)

Bd. 4: Nerudiana dispersa I, 1915–1964. Edición, prólogo y notas de Hernán Loyola. 2001. (*Me niego a masticar teorías.*)

Bd. 5: Nerudiana dispersa II, 1922–1973. Edición, prólogo y notas de Hernán Loyola. 2002. (*Infancia y poesía*; *El bosque chileno*; *La timidez* [I]; *El amor junto al trigo*; *Las casas de pensión; Mi primer poema; Discurso de Estocolmo.*)

Das Glossar enthält alle Wörter, die nicht im *Thematischen Grund- und Aufbauwortschatz Spanisch* von José María Navarro und Axel J. Navarro Ramil (Stuttgart: Klett, 2001) enthalten sind. Dabei wird der Grundwortschatz in der Regel als bekannt vorausgesetzt; Wörter, die zum Aufbauwortschatz zählen, sind bei Bedarf hier erklärt. Allerdings wurde bei auch im Deutschen verständlichen und geläufigen Begriffen auf eine Erklärung verzichtet. Alle Texte sind unabhängig voneinander glossiert, so dass jeder für sich gelesen werden kann.

Im Glossar verwendete spanische Abkürzungen

adj.	adjetivo (Adjektiv)
adv.	adverbio (Adverb)
alg.	alguien, alguno (jemand)
Am.	América Látina (nur in Lateinamerika gebräuchlich)
aum.	aumentativo (Vergrößerungsform; mit *-ón* als verstärkender Nachsilbe)
Chil.	Chile (nur in Chile gebräuchlich)
dim.	diminutivo (Verkleinerungsform)
elev.	elevado (gehoben)
fam.	lenguaje familiar (umgangssprachlich)
f.	feminino (weiblich)
fig.	sentido figurado (sinnbildlich, übertragen)
inf.	infinitivo (Infinitiv)
loc.	locución (Redewendung)
pl.	plural (Plural)
subj.	subjuntivo (spanischer Konjunktiv)
zoo.	zoología (Zoologie)

Literaturhinweise

Ausgaben der Werke

Gesamtausgaben erschienen seit 1957 in mehreren Neuauflagen bei Losada in Buenos Aires; die vollständigste neuere Werkausgabe stammt von Hernán Loyola und Saúl Yurkievich, Barcelona (Galaxia Gutenberg) 1999ff., 5 Bände. Zahlreiche Einzelausgaben und Anthologien, von denen die *Veinte poemas de amor y una canción desesperada*, herausgegeben und erläutert von Hugo Montes, Madrid (Clásicos Castalia) 1989, sowie die *Basic anthology* mit einer »Introduction« von 79 Seiten, die Robert Pring-Mill 1975 in Oxford herausgegeben hat, hervorzuheben sind. Die Rechte für den ›deutschen Neruda‹ liegen beim Luchterhand Literaturverlag, wo neben zahlreichen Einzelausgaben 1988 das *Lyrische Werk* in 3 Bänden von Karsten Garscha herausgegeben wurde (Übersetzungen von E. Arendt, F. Vogelgsang und M. López). In einer bibliophilen Ausgabe erschien, bei Hoffmann und Campe, übersetzt von R. Hagelstange, *Die Höhen von Macchu Picchu* (illustriert von H. Grieshaber, erläutert von J. v. Stackelberg), Hamburg 1964. Ebendort eine Auswahl aus *Estravagario* mit Radierungen von A. Hrdlicka, übersetzt von J. v. Stackelberg. Hervorzuheben ist ferner die deutsche Übersetzung von *Confieso que he vivido* (*Ich bekenne, ich habe gelebt*), die 1974 C. Meyer-Clason anfertigte. 1978 erschien aus dem Nachlass *Para nacer he nacido* (bei Seix Barral in Barcelona; dt. *Um geboren zu werden*, übers. von A. Botond), die wichtigste Ergänzung zu *Confieso que he vivido.*

Sekundärliteratur

Alonso, Amado; *Poesía y estilo de Pablo Neruda*, Buenos Aires 1940.

De Costa, René; *The poetry of Pablo Neruda*, Cambridge (USA) 1979.

Durán, Manuel / Safir, Margarita; *Earth Tones. The Poetry of Pablo Neruda*, Bloomington 1981. [Mit ausführlichen Literaturangaben.]

Montes, Hugo; *Para leer a Neruda*, Buenos Aires 1974, ²1997.

Rodríguez Monegal, Emir; *El viajero inmóvil*, Buenos Aires 1966.

Stackelberg, Jürgen von; *Pablo Neruda. Politische Lyrik und poetischer Realismus*, Frankfurt a. M. / Berlin 2002.

Erinnerungen an Neruda schrieb Jorge Edwards (*Adiós, poeta …*), 1990, deutsch im Luchterhand Literaturverlag 1992; das Bild des populären Dichters malt anschaulich und heiter Antonio Skármeta in seinem Roman *Ardiente paciencia* (1985), deutsch erschienen bei Piper, München 1985, unter dem Titel *Mit brennender Geduld.* Seit der Verfilmung des Romans als *The Postman* trägt er auch den ›zusätzlichen‹ Titel *El cartero de Neruda.* Für das Ansehen Nerudas in Chile ist aufschlussreich *Discursos* (Santiago de Chile 1962), enthaltend die Laudatio, die Nicanor Parra 1962 hielt, sowie Nerudas Antwort darauf, aus Anlass der Aufnahme des Dichters als Ehrenmitglied der Philosophischen Fakultät der Universidad de Chile, ebenso die Neruda gewidmete Sondernummer der *Revista Chilena de Literatura*, herausgegeben von H. Montes, Nr. 65, 2004.

Internetseiten

http://www.fundacionneruda.org/home.htm
Homepage der Fundación Pablo Neruda mit ausführlicher Biographie, Bibliographie und vielen Bildern und Artikeln von und über Neruda

http://www.neruda.uchile.cl/index.html
Webseite der Universidad de Chile mit ausführlicher Biographie, vielen Artikeln über den Dichter und Literaturhinweisen

http://www.amediavoz.com/neruda.htm und
http://www.amediavoz.com/neruda2.htm
spanische Webseiten, auf denen eine Vielzahl von Gedichten Nerudas zu lesen sind

http://www.el-poeta.de/index.html
deutsche Webseite mit Biographie und Auflistung der Werke.

http://www.randomhouse.de/specials/neruda/
Webseite des Verlags Luchterhand mit einer detaillierten Beschreibung von Leben und Werk

Nachwort

Geboren am 12. Juli 1904 in Parral, etwa dreihundert Kilometer südlich von Santiago de Chile, hieß unser späterer Dichter eigentlich Neftalí Ricardo Eliecer Reyes Basoalto. Kann man bei diesem Namen nicht verstehen, dass er sich eines Tages (nämlich mit sechzehn Jahren) einen »nom de plume« zulegen würde, wie einst Voltaire oder wie Molière das getan hatten? Man darf durchaus vermuten, dass der etwas schmächtige und eher kränkelnde Junge, der bald herausgefunden hatte, dass eine musische Begabung ihn von seinem Vater, der ein robuster, strenger und etwas polternder Mann gewesen sein muss und Lokomotivführer war, unterschied, dass dieser Junge also »etwas anderes war« und sich insofern auch einen anderen Namen (als den seines Vaters) geben wollte. Neruda hieß ein tschechischer Schriftsteller; unser Ricardo Eliecer stieß zufällig auf den Namen, fand ihn gut und übernahm ihn mit dem Vornamen Pablo. Und dabei blieb es.

Die Mutter, die Schullehrerin gewesen war, starb einen Monat nach der Geburt ihres Sohnes an Tuberkulose. 1906 übersiedelte die Familie nach Temuco, in den südlichsten Landesteil. Der Vater heiratete wieder und die Stiefmutter erwies sich (nach Nerudas Aussage) als ebenso lieb und gut wie eine echte Mutter. Der Vater ging weiter seinem rauen Eisenbahnergeschäft nach, der Sohn wuchs in dem schmutzigen Kleinstädtchen, in dem es – wie die Leute sagten – »dreizehn Monate im Jahr« regnet, auf. Das Elternhaus muss einer Hütte geglichen haben, denn die Regentropfen fielen durch das Dach und landeten in eigens dafür aufgestellten Eimern. Das Auf- und Abklingen dieser Tropfen, hat Neruda behauptet, habe den Dichter in ihm geweckt. Wahrscheinlicher ist, dass Gabriela Mistral, die in der Mädchenschule des Städtchens Lehrerin war, die poetische Neigung erkannt und gefördert hat, die der Bub offenbarte. Fünfzehn Jahre verbrachte er in Temuco, teils auf den schlammigen Straßen oder in den umliegenden Wäldern herumstreunend, in die auch wohl der Vater ihn mit seinem »Schotterzug« mitnahm, teils wahllos Bücher verschlingend, die er sich in einer Leihbibliothek beschaffte. Gabriela Mistral versorgte ihn vorzugsweise, liest man in *Ich bekenne, ich habe gelebt,* mit russischen Romanen, so dass er früh eine Vorliebe für Tolstoi, Dostojewski und Tschechow entwickelte, eine Vorliebe, an der er zeitlebens (wie er schreibt) festgehalten hat. Im Lokalblatt von Temuco erschienen erste Dichtversuche des Heranwachsenden, dann 1918 erstmals auch ein Gedicht in einer Zeitschrift, die in Santiago herauskam. 1920 erhielt der Sechzehnjährige einen Preis für seine Gedichte. Da stand der Lebensplan fest: er würde Dichter werden!

1920 ging er zum Studium in die Hauptstadt. Er wollte am »Instituto pedagógico« Französisch studieren. Hungernd, träumend und – im Anschluss an verschiedene Liebeserlebnisse – dichtend, schlug der Student sich durch die Jahre, die ihm im Rückblick als eine Zeit der Entfremdung, der Sehnsucht nach der verlorenen Heimat der südlichen Wälder und dem vertrauten Regen der Kindheit erschien, obwohl es an (zumal kauzigen) Freunden auch nicht gefehlt hat, wie man den Lebenserinnerungen entnehmen kann. *Crepusculario* hieß die erste Gedichtsammlung, die der Dichter 1923 veröffentlichte. 1924 erschien *Veinte poemas de amor y una canción desesperada*, und diese »zwanzig Liebesgedichte mit einem Lied der Verzweiflung« sollten später Nerudas Dichterruhm begründen. Einstweilen nahm kaum jemand von ihnen Notiz. Doch Neruda schrieb weiter: er gab eine Zeitschrift heraus und veröffentlichte eine Erzählung, die er mit einem Freund, Tomas Lagos, zusammen verfasst hatte; im selben Jahr, 1926, erschien auch ein kleiner Roman: *El habitante y su esperanza.* Als *Crepusculario* – ebenfalls 1926 – in zweiter Auflage erschien, wurde es ein Erfolg. Zumindest die Bohème von Santiago war auf den jungen Dichter aufmerksam geworden. Aber Geld verdiente er immer noch nicht, auch nicht mit den vielen, zum Teil schon politisch engagierten

Artikeln, die er in studentischen Blättern veröffentlichte. Die Situation wurde unerträglich. Einmal versuchte Neruda der Großstadt zu entfliehen: er wollte sich mit einem Freund auf einer einsamen Insel im Pazifik niederlassen, kehrte aber reuig nach Santiago zurück. Da bekam er, durch persönliche Beziehungen, einen Posten als chilenischer Konsul im Fernen Osten angeboten. Mit seinen Studienfreunden suchte er auf einem Globus, wo wohl Rangun, die Stadt, wohin er sich begeben sollte, läge. Es lag in Birma.

1927 schiffte Neruda sich in Buenos Aires nach Europa ein, gelangte über Lissabon, Madrid, Paris (!), Port Said, Djibuti, Colombo, Singapur und Bangkok nach dem Ort seiner Bestimmung, den er 1928, wieder in konsularischer Funktion, mit Colombo auf Ceylon, 1930 mit Batavia und Singapur zu vertauschen hatte. Die Bezahlung, eine Aufwandsentschädigung, war minimal: Neruda hungerte weiter. Doch nun fehlte auch die vertraute Umwelt, denn zur einheimischen Bevölkerung ergab sich kaum eine Verbindung und die Herren der englischen Kolonialverwaltung blickten nur verächtlich auf den kleinen Chilenen herab. Die Vereinsamung muss schrecklich gewesen sein, der britische Kolonialismus erweckte nur Abscheu im chilenischen Konsul, die exotischen Zeugnisse der einheimischen Kunst faszinierten Neruda zwar, aber sie blieben ihm doch auch fremd. Er verschloss sich in sich selbst, las weiter (darunter Prousts *Recherche*) und schrieb die düsteren, verschlüsselten und verzweifelten Gedichte, die später unter dem Titel *Residencia en la tierra* erscheinen sollten. Die Erstveröffentlichung erfolgte 1935.

Da war Neruda endlich seiner Verpflichtungen entbunden (als Konsul hatte er nur bürokratischen Kram zu erledigen) und nach Spanien versetzt worden, wo er 1934 eintraf. Auf dem Rückweg hatte er in Chile eine kleine Gedichtsammlung, *El hondero entusiasta* (den »begeisterten Schleuderer«), veröffentlicht und eine zweite Ausgabe seiner *Zwanzig Liebesgedichte* veranstaltet, die ungleich mehr Anklang fand als die erste. Mit diesen Veröffentlichungen und dank eines mühsam vom Fernen Osten aufrechterhaltenen Briefwechsels mit Dichterfreunden aus Chile und Spanien war Neruda nun doch als ein besonders origineller, wenn auch schwermütiger und hermetisch-esoterischer Lyriker bekannt geworden. Auch mit Übersetzungen hatte er versucht, sich einen Namen zu machen: 1925 erschien eine Teilübersetzung von Rilkes *Malte Laurids Brigge*, die er wohl ›aus zweiter Hand‹ hergestellt haben muss, denn Deutsch konnte Neruda nicht. – In das Jahr 1930 fällt auch die erste Ehe mit einer Holländerin namens Maria Antonietta Hagenaar, die nicht glücklich war und auch nicht lange gehalten hat.

Endlich, Anfang 1934, erhielt Neruda einen diplomatischen Posten, zuerst in Barcelona, dann in Madrid. Dort erwarteten ihn schon seine Freunde, darunter die jungen Dichter der »Generation von 1927«, deren glänzendste Erscheinung Federico García Lorca war, mit dem ihn die engste Freundschaft verband. Ein angeregtes Leben im Kreis Gleichgesinnter, ein »Fest der Freundschaft«, bahnte sich an – und wurde abrupt beendet durch den Ausbruch des spanischen Bürgerkriegs. Wie Neruda darauf reagiert hat, ist in Abschnitt 6 dieser Auswahl dargestellt worden. Der Mord an García Lorca erschütterte Neruda, sein Engagement für die Sache der Republik, das heißt gegen Franco, verstand sich von selbst. Er hatte bald eingesehen, dass die vereinzelten Anarchisten, denen er sich zugesellt hatte, gegen die organisierte Macht der Faschisten nicht ankommen würden, und so wurde er Kommunist.

Mit *España en el corazón* lieferte er eine Gedichtsammlung, die die antifaschistischen Kämpfer begeistert und manche von ihnen in die Schlacht begleitet haben soll. Aus ihr spricht der militante, vor allem aber auch der schmähende Dichter, der Spanien nicht mehr betreten sollte, solange dort Franco herrschte.

Aber die Sache der Republik war nicht zu retten. Neruda, seines Postens in Madrid enthoben, begab sich nach Frankreich und verschaffte, zusammen mit César Vallejo und anderen Freunden, einer größeren Zahl von Spanienflüchtlingen die Möglichkeit, nach Chile auszuwandern: er charterte ein Schiff, die »Winipeg«, und lieferte die Emigranten in Chile ab.

Ab 1940 wurde Chile wieder sein Hauptwohnsitz. Er begann sein umfänglichstes dichterisches Werk zu schreiben, den *Canto general*, eine Art Epos des Subkontinents in zahlreichen Einzelgedichten, das schließlich vierhundert Seiten Umfang annehmen sollte. Im Zentrum dieses »Großen Gesangs« steht *Alturas de Macchu Picchu*, ein Langgedicht von zwanzig Seiten, das oft separat ediert worden ist und wahrscheinlich Nerudas bedeutendste Dichtung darstellt. Es enthält gleichsam die Botschaft seines Lebens und führt von den solipsistischen Anfängen zum öffentlichen Engagement. Dem entsprechen die verschiedenen poetischen Techniken, die darin Anwendung finden und die nach einem überaus verschlüsselten, dunklen Beginn in die Helligkeit der Schlussverse führen, in denen der Dichter die Armen und Ausgebeuteten seines Kontinents, die Indios von einst ebenso wie die Proletarier von jetzt, auffordert, sich ihm anzuschließen, damit er für sie spreche. Inspiriert ist die Dichtung von einem Besuch der Ruinen von Macchu Picchu im Hochland von Peru, den Neruda auf dem Rückweg von México – wo er Chile diplomatisch vertreten hatte – nach Chile gemacht hat: seine Mission als Botschafter in México hatte drei Jahre gewährt und Neruda in der spanischsprechenden Welt vollends bekannt gemacht. Zweitausend Mexikaner füllten das Sportstadion von Mexico City bei seiner Verabschiedung.

1945 wird Neruda im chilenischen Senat Abgeordneter für die Nordprovinzen, wo die Salpeterbergwerke liegen und das Land in die Wüste übergeht. Im Juli des Jahres tritt er der Kommunistischen Partei Chiles bei. Seine politischen Aktivitäten waren auch insofern fruchtbar für ihn, als er durch sie erst wirklich mit der arbeitenden Bevölkerung in Kontakt kam. Er lernte das Leben der »mineros« kennen und schrieb ein langes Gedicht, *Saludo al Norte*, in dem er deren Mühsal und Armut zu seiner Sache macht. Nach der Vollendung der *Höhen von Macchu Picchu* widmet sich Neruda zunächst einmal vorwiegend seiner politischen Tätigkeit. Er liest in Bergarbeiterversammlungen seine Dichtungen vor und verhilft dem Kandidaten einer Linkskoalition, Gonzáles Videla, zur Präsidentschaft, indem er als »Jefe Nacional de Propaganda« die Wahlen leitet. Kaum ist Videla jedoch gewählt, trennt er sich von den Kommunisten und beginnt ein autokratisches Regime. Neruda prangert den ›Verrat‹ zuerst in einer venezolanischen Zeitung an, dann beschuldigt er in einer aufsehenerregenden Rede im chilenischen Senat – am 6. Januar 1948 unter dem an Zola erinnernden Titel *Yo acuso!* – den Präsidenten der Willkürherrschaft und Unterdrückung Andersdenkender. Daraufhin wird seine senatoriale Immunität aufgehoben und der chilenische Staatsgerichtshof lässt am 3. Februar 1948 einen Haftbefehl gegen ihn ergehen. Neruda versteckt sich zunächst in Chile, flieht dann aber heimlich über die Anden nach Argentinien, von wo aus er sich mit falschem Pass nach Europa begibt.

Die fast drei Jahre währende Emigration führt ihn in aller Herren Länder, vor allem in die Länder kommunistischer Herrschaft, nach Sowjetrussland und China, wo er von Stalin und Mao Tsetung empfangen wird. Doch er kommt auch nach Neu Delhi und trifft sich mit Pandit Nehru, nimmt an »Weltfriedenskongressen« teil, bereist erneut México und Guatemala, kommt nach Skandinavien, in die Tschechoslowakei, nach Ungarn – und verbringt schließlich mit Mathilde Urrutía mehrere glückliche Wochen auf Capri. Dort entstehen *Los versos del capitán*, eine erste Sammlung von Liebesgedichten auf die dritte und letzte Lebensgefährtin, die anonym erscheint, weil Neruda noch offiziell liiert ist mit der Argentinierin Delia del Carril, der Gefährtin aus Bürgerkriegszeiten. 1952 wird der Bann aufgehoben: Neruda kehrt, triumphal empfangen, nach Chile zurück. Er kauft sich ein Haus in Santiago, begibt sich aber schon im selben Jahr wieder auf Reisen nach Russland und anderswohin.

Sein ehrgeiziges Projekt einer episch-lyrischen Darstellung der Geschichte Lateinamerikas, den *Canto general*, hat Neruda im Wesentlichen während seiner Verbannung von Chile vollendet. Das Werk erscheint 1949 zum ersten Mal und erlebt bald mehrere Separat-Auflagen. Bei dieser Dichtung ist die Frage, ob man sie nicht doch eher lyrisch als episch nennen sollte. In ihren letzten Teilen spielt die politische Aktualität eine überragende Rolle, teils in Gestalt von Schmähgedichten auf den ›Verräter‹ Gonzales Videla, teils aber auch in einer längeren Sequenz, die Neruda *Que despierte et leñador* (»Holzfäller wach auf!«) betitelt. Der ›Holzfäller‹ ist Abraham Lincoln, und Neruda schreibt sich – in Anlehnung an Walt Whitman – seinen Zorn auf den US-amerikanischen Imperialismus von der Seele. Zugleich enthält das Gedicht ein kontrastives Idealbild des sowjetischen Russland. Neruda ist damit erst recht zum weltweit bekanntesten Sprecher des Kommunismus geworden. Er wird zum Mitglied der Jury für die Verleihung kommunistischer »Friedenspreise« ernannt und nimmt die Arbeit dort ernst. Wo immer er hinkommt, wird er zu Lesungen aufgefordert. Den poetischen Niederschlag dieser Tätigkeit bietet *Las uvas y el viento*, eine Gedichtsammlung, die 1954 in Santiago erscheint.

Inzwischen erscheinen auch Übersetzungen von Nerudas Werken in Deutsch, Französisch, Italienisch, Englisch und vielen anderen Sprachen. 1955 trennt Neruda sich offiziell von Delia del Carril und lebt mit Mathilde Urrutía zusammen, die seine zweite Frau werden wird – und aus dem chilenischen Süden stammt, wie er selbst. Meistens, vor allem im Winter, lebt das Paar in Isla Negra, dem von Neruda höchst eigenwillig erbauten Haus über den Klippen des Pazifik, südlich von Valparaiso, dessen sämtliche Fenster den Blick auf das Meer freigeben. Hier wird Neruda auch seine letzten Tage zubringen und hier wird später ein Museum eingerichtet werden, zu dem vor allem Jugendliche pilgern, bei denen Neruda zu einer Art Kultfigur geworden ist.

Wie einst Voltaire ist Neruda bis an sein Lebensende produktiv geblieben, obwohl man vielleicht sagen kann, dass die bedeutenderen Dichtungen aus seiner ersten Lebenshälfte stammen. 1964 schenkt er sich zu seinem sechzigsten Geburtstag das *Memorial de Isla Negra*, fünf schmale Bände mit Erinnerungsgedichten, eine Autobiographie in Versen. 1967 erschien *La Barcarola*, ein Langgedicht in zwölf Episoden, das mit einer neuerlichen Liebeserklärung an Mathilde beginnt und in der Folge unter anderem einen dialogisierten Text über den chilenischen Goldgräber und Abenteurer Joaquín Murieta enthält, der als Theaterstück aufgeführt worden ist, aber zweifellos mehr lyrische als dramatische Qualitäten besitzt. 1969 erschien *Fin de Mundo*, wieder eine Gedichtsammlung (123 Einzeltexte). Auch dies ist ein lyrisches Erinnerungsbuch, diesmal mehr politischer Natur. Neruda spricht darin auch seine Enttäuschung über den Einmarsch der Sowjets in die Tschechoslowakei aus. 1970 überraschte Neruda seine Leser mit einem selbsterfundenen Geschichtsmythos in Versen, *La espada encendida*. Darin erzählt er die Liebesgeschichte von Rodó und Rosia, die an Adam und Eva erinnern, aber am Ende der Schöpfung, nicht an deren Anfang stehen. Im selben Jahre folgte noch eine kleinere Sammlung von Gedichten auf Chiles Steine: *Las piedras de Chile*. Wie zum Holz der Bäume hatte Neruda ein besonders intimes Verhältnis zu Steinen. Und in einer bibliophilen Ausgabe von 100 Exemplaren erschien, ebenfalls 1970, eine hübsch illustrierte kleine Folge von Gedichten auf verschiedenes Meeresgetier, Seeigel, Seesterne und dergleichen: *Maremoto*.

Wie zuvor schon engagierte Neruda sich auch 1969 wieder bei den Wahlen für ein neues Staatsoberhaupt. Kurzfristig kandidierte er selbst, verzichtete dann aber zugunsten seines Freundes Salvador Allende, der 1970 chilenischer Staatspräsident wurde. Im März 1971 entsandte dieser ihn nach Frankreich als chilenischen Botschafter. Dort oblag er seinen Pflichten – trotz zunehmender gesundheitlicher Schwierigkeiten – nahezu zwei Jahre. Im Oktober erhielt er den Nobelpreis für Literatur und veröffentlichte die aus dem Anlass gehaltene Rede, in der er seine eigene Mission und die der lateinamerikanischen Schriftsteller allgemein beschrieb: »colmar el continente de palabras – den Kontinent mit Worten anfüllen«.

Noch vor seiner Ernennung zum Botschafter hatte Neruda eine Reise zu den Osterinseln unternommen, deren dichterischen Niederschlag er in *La rosa separada* 1972 in Frankreich veröffentlichte. Er kaufte sich in der Normandie ein leerstehendes Herrenhaus, um fern vom Trubel der Hauptstadt in Ruhe meditieren und schreiben zu können. Ein kleinerer Gedichtband, *Geografía infructuosa*, wurde teils dort, teils bei Autofahrten durch das Land geschrieben oder diktiert. Das letzte Buch, das Neruda noch in Druck geben konnte, war polemischer Natur: *Incitación al Nixonicidio y alabanza de la revolución chilena.* Eingebettet hat er seine »Aufforderung zum Nixonmord« in eine Folge von Zitaten aus dem Renaissance-Epos *La Araucana* von Alonso de Ercilla y Zúñiga. Das temperamentvolle Pamphlet sollte Allende bei den Wahlen vom März 1972 zu einer größeren Mehrheit verhelfen. Neruda hat also bis an sein Lebensende an seinem politischen Auftrag nicht gezweifelt.

Doch er erholte sich nur langsam von einer Prostataoperation. Der Putsch des Generals Pinochet vom 11. September 1973, dem Allende zum Opfer fiel, scheint Neruda dann so zugesetzt zu haben, dass er am 23. September des Jahres in einem Krankenhaus zu Santiago starb. Hubschrauber umdröhnten sein Haus in Isla Negra, in dem Pinochets Schergen den Dichter überwachten.

Neruda hat acht unvollendete Gedichtsammlungen hinterlassen, von denen einige feierlich und ernst klingen, andere im skurril-komischen Ton der *Estravagario*-Gedichte gehalten sind. Diese Sammlungen sind, ebenso wie Nerudas Memoiren in Prosa – *Confieso que he vivido* – postum 1973 und 1974 erschienen. 1978 kam *Para nacer he nacido*, eine Zusammenstellung weiterer Prosaschriften, die als Fortsetzung der Memoiren geplant war, heraus, gleichzeitig ein schmaler Band mit frühen Liebesbriefen: *Cartas a Laura.* Aus dem Nachlass des Dichters ausgegraben wurden 1997 die Tagebucheintragungen seiner Kindheit: *Cuadernos de Temuco.* Im selben Jahr sind auch seine politischen Reden erschienen: *Discursos parlamentarios.*

Die Literatur zu Neruda ist inzwischen zu einem unbesteigbaren Berg angewachsen. Schon in *Earth Tones*, dem wahrscheinlich solidesten Buch über Nerudas Leben und Werk (von Manuel Durán und Margery Safir) aus dem Jahr 1981 umfasst die Bibliographie, die nur eine Auswahl darstellt, sechzehn Seiten.

Jürgen von Stackelberg